KB045411

입시가 변해도 흔들리지 않는

무적의
학습포트폴리오

입시가 변해도 흔들리지 않는

무적의
학습포트폴리오

권태형 지음

지식너머

우리 아이들은 지금 교육영양 결핍과 편식의 시대를

살아가고 있습니다. 적절한 시기에 꼭 필요한 영역별 학습역량을 키우기 위해 골고루 신경 쓰기보다는 영어와 수학 위주로 편식하고 있어 교육영양의 불균형 상태가 심각하죠. 문제는 그 편식이 단순히 아이의 성장에 도움이 되지 않는 수준을 넘어선다는 데 있습니다. 일례로 근본독해력 같은 핵심 교육영양소의 결핍은 길면 중학생 때까지 잠복해 있다가, 고등학생이 되어서 여러 학습 장애를 발생시킵니다. 결국 의지가 약한 게 아니라 기초체력이 없는 아이는 실전(대입)에서 제대로 싸워보지도 못하고 패배하지요. 오랜 입시지도 과정에서 목격한 이 안타까운 현실에 저만큼 마음 아파하실 분들이 계신데요, 바로 학부모님들입니다. 조금만 일찍, 조금만 제대로 준비를 했더라면 우리 아이가 이런 힘든 상황은 겪지 않아도 되었을 텐데. 내가 좀 더 잘 알고 더 잘 이끌어줄 수는 없었을까? 하고 말이지요.

제가 학생들에게 처음 영어를 가르치던 시절에는,

수능 과목 중심으로, 특히 영어, 수학을 잘하면 좋은 대학에

갈 수 있었습니다. 또 소위 말하는 내신형, 수능형 객관식 시험을 잘 보는 아이가 우수한 학생으로 평가받았죠. 그래서 저도 급한 경우 근본 실력을 향상시키는 (다소 오랜 시간이 소요되며 어려운) 길보다 시험 성적을 잘 받는 빠른 요령을 가르치기도 했습니다. 하지만 이 방법에는 응당 한계가 있었습니다. 영어가 부족해 제게 왔던 일부 학생들은 단기간에 영어 성적이 향상되었지만 반대급부로 다른 과목 성적은 떨어지기도 했거든요. 단기간 성적을 향상시키는 요령들은 대부분 집중적인 암기와 훈련에 많은 시간을 소모시키기 때문입니다. 아마도 그 학생은 대부분의 주요 과목들을 그런 요령 중심으로 공부해왔을 겁니다. 흔들리지 않아야 하는 실력, 즉 기본 역량이 없기 때문에 과목 간의 불균형은 보완과 방치가 엇갈리며 더욱 악화되어 성적 상승과 하락을 시소처럼 반복해왔던 것이죠. 그래서 저는 그때부터 영어를 포함한 학습의 '근본 역량'들을 학생들에게 강조하게 되었습니다.

영어를 잘하기 위해서는

시험 요령만 필요한 것은 당연히 아닙니다. '영어도 언어의 영역이기에 근본독해력이 필요하다. 고등학생 이상이 되면 스스로 자신의 공부에 대해 책임을 질 줄 알아야 한다.' 제가 항상 제자들에게 강조하던 말이었습니다. 그런 조언만으로 자기만의 공부법을 터득해가는 아이도 있었지만 누군가의 도움이 필요한 수준의 아이들도 있기에 저는 영역별 영어 공부 방법, 자기주도학습을 위해 자신의 학습 수준과 스타일을 파악하고 또 보완해나가는 방법 등을 연구하고 또 제자들에게 소개해왔습니다. 동시에 좋은 사례를 발굴하여 다른 아이도 적용할 수 있도록 조언하기도 했죠. 하지만 시험 잘 보는 요령도 배우고 스스로 공부하는 방법도 터득한 제자들이 생각치도 못한 일로 원하던 대학의 문턱에서 좌절하는 것을 지켜봐야만 했습니다. 대표적인 사례가 바로 입시에 대한 인식이 부족했던 경우입니다.

입시가 수십 번 바뀌면서

대입에서 '눈치작전'으로 원서를 넣던 시절은 이제 너무나 먼 과거의 일이 되어버렸습니다. 수시와 정시로 분화되고 수시가 다시 학생부 전형, 논술전형 등으로 세분화되고, 각 대학별로 선발 기준과 내신, 수능 반영 비율이 달라지면서 이제 대입에서 필요한 것은 '눈치', 즉 임박한 상황에서의 순간적인 선택이 아니라 '정보', 즉 장기전을 대비할 수 있게 해주는 검증된 데이터입니다. 이 정보는 고3 원서 접수기간에 필요한 것이 아니라 고등학교 입학 직후, 아니 사실은 그 이전부터 필요합니다. '학생부 종합전형'이 대입에서 핵심 전형이 되면서 고등학교 선택이 입시의 큰 틀을 결정하고 대학에서 전공하고 싶은 진로에 따라 고등학교 생활을 설계해야만 하는 상황이 되었기 때문이죠. 저는 순진하게 학교 생활에 충실했던 제자들이 고2 말, 고3이 되어서야 대입 전형의 구체적인 정보들을 접하고 지난 고교 생활을 눈물로 후회하는 일들을 지켜보면서 교과 지도 교사만이 아닌, 입시 또한 의논하고 조언해줄 수 있는 '입시전문가'도 되어야겠다는 생각을 하게 되었습니다. 하지만 그 과정에서 얻은 또 하나의 교훈은 고교 때는 이미 늦는다는 것입니다. 굳어버린 학습태도를 고치기에도 미래를 설계하기에도 말이지요. 그러다 중학생과 초등학생들을 보니 무언가 제 마음속에서 희망이 솟구치는 것을 느꼈습니다. 현실과의 타협이 아닌 미래를 준비하고 바꿀 수 있다는 희망말입니다. 비단 입시대비뿐만이 아닙니다. 잘못된 엄마주도학습, 학원주도학습 습관부터 의미 없는 속도 위주 수학 선행, 남는 거 하나 없는 겉핥기 영문법 공부, 해도 해도 늘지 않는 영어 어휘력, 읽어도 읽어도 주제 파악 못하는 독해력 등 고등학생 때 드러나지만 실상은 초중등 때 잘했어야 하는 것들, 초중등 때부터 꾸준히 준비했어야 하는 것들을 이야기해주고 싶었습니다. 결국 고등학생 때 잘하는 것이 진짜 잘하는 것이기 때문입니다.

1000회 이상의 전국 학부모 강연을 진행한 것은,

그래서입니다. 1:1로 학생의 상황을 듣고 조언해주는 것도 의미 있는 일이지만 제가 입시와 학습의 최전방에서 경험한 실제 상황들에서 초래된 문제의식들을 학부모님들과 공유하고 미리 준비하도록 조언하는 것이야 말로 교육자로서의 제 의무인 것만 같았습니다. 다행히 제 말에 귀 기울이고 아이들을 서서히 변화시키고 준비시키는 학부모님들이 전국에 많이 늘어나고 있습니다. 올바른 영어, 수학 학습, 이를 가능하게 하는 자기주도학습 능력, 학습의 기초 역량인 근본독해력과 표현 및 의사소통 역량, 정보력 싸움에서 이길 수 있는 해법인 진로 역량, 고등학교 선택 역량, 입시 역량 등 필수 교육영양소를 골고루 섭취해야 결국 대입에서 성공합니다. 교육자로서 저의 지난 행보는 일종의 맹모삼천지교라 할 수 있습니다. 실제로 영어를 가르치다가 학습법의 중요성에 대해 눈을 뜨게 되었고, 시대의 흐름과 맞물려 학습 이전에 입시의 큰 그림을 알아야 할 필요성을 느꼈습니다. 그리고 입시전문가로서 2015 개정교육과정, 수시전성시대, 고교학점제시대를 맞이한 지금은 초중등부터 준비되어야 입시에서 진검승부가 가능한 근본 역량을 갖추는 방법을 전파하고 있습니다. 제가 우리 아이를 위해서 꼭 준비해주고 싶은 것들입니다.

강연을 통해 만난 전국 5만5천여 명,

3000여 건의 질문들을 들으면서 저는 분신술이라도 쓰고 싶은 심정이었습니다. 정보도 중요하지만 그것을 각 아이들에게 제대로 적용하기 위해서는 1대 1의 관심과 관리가 절대적이기 때문이지요. 그 역할을 부모님께서 해주셔야 합니다. 이 책에는 교육전문가이자 실전에 참여했던 유경험자로서 저의 정보와 노하우가 모두 녹아 있습니다. 제 강연을 듣고 이미 실천하시는 분들도 많이 있지만 강연을 들을 때는 꼭 실천해야겠다고 열정적으로 의지를 다지다가도 막상 일상으로 돌아가면 그 결심이 날아가버린다고 고백하시는 분들도 많습니다. 그래서 부모들도 자습서가 필요합니다. 공부한 것들을 다지고 실천에 옮길 가이드가 말이지요. 이 책이 부모님들에게 그런 믿음직한 러닝메이트가 되어주길 기원합니다.

이 책을 200% 활용하는 방법

1. 실제 사례 읽어보고 타산지석으로 삼기

각 장 도입부의 에피소드는 제가 직간접으로 목격한 실제 사례들입니다. 이야기 속 아이들은 우리가 흔히 입시 성공 공식이라고 말하는 로드맵을 착하고 성실하게 수행했지만 목적 달성에는 실패했습니다. 어떤 부모님도 아이에게 겪게 하고 싶지 않은 일일 것입니다. 각 사례의 실패 원인을 유념하시어 후회 없는 12년을 설계하시기 바랍니다.

2. QR코드 활용하여 교육자료와 워크시트 챙겨두기

지금의 입시는 시시각각 변화하고 있습니다. 아이들의 공부 방식이 변화하면서 활용 가능한 교육자료들도 단순한 텍스트 위주가 아니라 동영상, 앱, 인터넷 검색툴 등 다변화하고 있지요. 이 책 곳곳에 자리한 QR코드를 스캔하시면 이들 자료와 곧바로 연결됩니다. 관심기록노트(p32), 독서활동 기록지(p36),

진로탐색노트(p142) 등 워크시트 형태로 제공되는 자료들은 모두 다음 QR코드를 통해 다운 받으실 수 있습니다. 또한 '교집합' 네이버 카페(https://cafe.naver.com/bumoico)와 밴드(band.us/@bumo) 그리고 유튜브 '교집합 스튜디오' 채널을 방문하시면 먼저 실천에 옮기고 있는 선배들의 후기와 함께 실시간으로 업데이트되는 교육 관련 최신 정보들을 보실 수 있으니 적극 활용하시길 추천드립니다.

3. 〈책 읽은 후 부모숙제〉 실천하기

이 책은 단순히 정보 전달만을 위해 쓰여진 책이 아닙니다. 실천 가이드뿐만 아니라 교육자료와 추천리스트, 워크시트 등이 이렇게 다양하게 제공되는 이유는 바로 여러분의 '실천'이 이 책의 목표이기 때문입니다. 아이가 달라지기 위해서는 '정보와 노하우'가 '실천'을 통해 '역량'으로 쌓여가야 합니다. 〈책 읽은 후 부모숙제 하기〉는 그 변화의 시작점을 만드는 작업이니 꼭 실천하시기 바랍니다.

차례

1장

공부가 쉬워지는 근본독해력

4장

후회 없는 선택을 위한 진로 역량

5장

입시 역량 없는 학습은 모래 위의 성

1장

공부가 쉬워지는
근본독해력

고등학생 때까지 쭉 공부를 잘하는 아이들, 그리고 고등학교에 올라와서 갑자기 성적이 수직 상승하는 아이들에겐 공통점이 있습니다. 바로 '좋은 독해력'을 가지고 있다는 것인데요, 여기서 독해력은 단순히 글을 잘 읽는 능력이 아닙니다. 독해력이 좋은 아이들은 선생님 수업도 잘 이해하고, 인강 또는 교재를 통한 자기주도학습 효율도 더 높습니다. 학습 효율이 높으니 공부가 재미있고 자연히 계획을 세우고 실천할 의욕도 생기게 되죠. 결과적으로 학업성취도, 즉 점수도 더 높게 나옵니다. 수능뿐만 아니라 내신, 수행평가, 고교 과정에서 배우고 평가받는 모든 것이 사실상 이 독해력을 바탕으로 하고 있기 때문입니다. 영어, 국어는 말할 것도 없고, 수학과 과학도 마찬가지입니다. 안타까운 것은 그만큼 가장 흔한 실패의 요인이기도 하다는 점. 중학생까지는 상위권을 잘 유지하다가 고등학생이 되면서 성적이 갑자기 추락하는 아이의 경우도 이와 무관하지 않습니다.

엄마 말 잘 듣고 성실한 현승이는
왜 대입에 실패했을까

책 읽기가 싫어도 참았던 아이

———————————— 현승이는 어릴 때부터 책 읽는 게 싫었습니다. 독서교육의 중요성을 믿는 현승 어머니는 어떻게 해서든 책을 읽히려고 그림책, 학습만화 등을 총 동원해서 아이를 달랬고 어린 현승이도 잘 참고 따라와주었습니다. 하지만 지금 와서 생각해보면 그저 엄마의 노력에 호응해주었던 것뿐, 당시 현승이는 책에 대한 흥미가 1g도 없었습니다. 현승 어머니가 그 사실을 깨닫고 포기하기까지는 거의 10년의 세월이 걸렸지요.

책 읽는 것은 싫어하지만 현승이가 군말 없이 잘 하는 것도 있습니다. 바로 학원 다니기. 현승이는 영어유치원부터 사고력수학학원, 과학경시학원, 입시전문학원까지 그야말로 안 다녀본 학원이 없는 14년차 프로학원러입니다. 한 달 이상 학원을 쉰 적이 없고 과제도 나름 성실히 해갑니다. 하지만 그건 부모들이 꿈꾸는 자기주도학습과는 거리가 멉니다. 딱 주어진 것만, 학원에서 하라는 것만! 현승이는 그 이상도 이하도 하지 않습니다. 동네에 있는 비교적 널널한 학원을 장기간 다니면서 학원의 노력으로(?) 중학교 때까지는 아무 문제 없이 국영수 주요 과목 성적을 골고루 잘 받아왔습니다. '책 읽는 과정 중에 많은 것을 배운다지만 다 어릴 때나 가능한 이야기지. 중학교 가면 누구나 책 읽을 시간 따윈 없잖아. 그저 우리 아이는 어린 시절 얻어야 할 지식을 책 대신 영상과 인터넷으로 배웠고 지금은 다른 아이들과 마찬가지로 학업에 열중하고 있을 뿐이라고', 현승 어머니는 스스로를 이렇게 위안했습니다. 하지만 그 정신승리는 그리 오래가지 못했죠.

예고된 하락, 기나긴 실패잠복기

———————————————— 고등학생이 되고 첫 성적표를 받은 현승이는 숨이 턱 막히는 느낌이었습니다. 지금껏 이런 성적표는 받아본 적이 없었으니까요. 공부량이 턱없이 적었던 걸일까요? 중학교 때까지는 좀 여유 있게 해도 꾸준히 학원 수

업을 들으면 어느 정도는 성적이 나왔는데 고등학교는 수준이 다르다는 게 몸으로 다가왔습니다. 다른 친구들도 다들 열심히 할 테니 전처럼 공부해서는 분명 좋은 성적을 받을 수 없을 터입니다. 현승이는 생전 처음 본인의 공부에 대해 스스로 생각을 하기 시작했습니다. 고민 끝에 내린 결론은 이제 와서 자기주도학습 같은 건 할 자신이 없으니 공부량과 시간을 늘리기 위해 '좀 힘들겠지만 빡센 학원으로 옮겨야겠다'는 것. 부모님은 이제야 정신을 차리는 모양이라고 기뻐했지만 학원을 옮겨도 상황은 나아지지 않았습니다. 그동안의 선행학습이 무색하게 학교 수업조차 따라가기 버거웠습니다. 당연히 성적도 잘 나오지 않았는데 성적이 안 나오니 학원을 탓하게 되고 또 다른 학원으로 옮겨도 나아지지 않자 이번에는 과외선생님까지 찾게 되었지요. 도대체 갑자기 왜 이러는지 부모님 속은 새카맣게 타버렸지만 현승이는 이제 그만 현실을 받아들이기로 한 모양이었습니다. '내 한계는 여기까지야, 이게 내 진짜 실력이라고.'

성적 하락의 원인은 의외의 곳에서 발견됩니다. EBS 영어교재에서 '빈칸 추론 문제'를 풀던 중 해석이 잘 안 되어 한글 해석본을 읽었는데, 한글로 읽어도 지문의 주제를 파악할 수가 없었던 겁니다. 영어 단어의 뜻을 몰라 해석을 못 할 수는 있습니다. 하지만 한글 해석본을 이해하지 못하다니 현승이 자신에게도 충격적인 사건이었습니다. 고등학교 3학년이 된 아이가 뜻을 모르는 한글 어휘가 여럿 있다는 것, 그것도 한 문제에 몇 개씩 있다는 것은 또래 친구들과 비교해봐도 좀 심각한 상황입니다. 하지만 돌이켜 생각해보면 그건 예고된 비극이었습니다. 분명 전조들이 있었죠. 현승이는 중학교 1학년 수학 시간에 수행평가 서술형 시험지를 받고 당황해서 십 분을 꼼짝하지 못했던 기억을 떠올렸습니다. 당시 다니던 학원에서는 문제를 이해하는 방법보다는 서술형 문제를 해결하는 기법들을 훈련시켰습니다. 서술형 시험 문제는 다른 애들도 많이 실수를 했기 때문에 현승이도 그저 문제 풀이 요령을 잘 모르는 아이 중 하나로만 인식되었을 뿐이었지요.

중학교 내내 전과목에 걸쳐 수행평가로 책 읽는 과제가 있었지만 현승이는 단 한 번도 제대로 책을 읽은 적이 없었고, 요약 정리를 잘 못하다 보니 대부분 인터넷에서 줄거리를 검색해 대충 정리해서 제출했습니다. 당연히 관련 수행평가는 늘 최하점이었지만 대한민국 입시에서 '읽기'나 '쓰기' 영역은 큰 비중을 차지하지는 않는다고 생각했던 부모님은 적극적으로 관여하지 않았습니다. 단지 현승이가 '작문' 능력이 조금 떨어지니 따로 학원을 알아봐야겠다고 생각했을 뿐이었죠. 고등학교에 올라와서도 위험신호는 나타났습니다. 고1 첫 모의고사를 보던 날, (다소 지문이 길고 문항 자체도 긴 시험을 보게 되었을 때) 현승이는 시간이 부족해 뒷부분의 문제를 거의 찍다시피 풀어냈습니다. 내신과는

다르게 유달리 모의고사 성적이 나오지 않았던 것을 학원에서는
"사전 준비 없이 평소 실력으로 봐서", "문제 유형이 낯설어서"라
는 등의 이유로 심각하게 생각하지 않았고 부모님 역시 그 의견
을 의심 없이 받아들였습니다. 연습하면 나아진다고, 문제 풀이
만 꾸준히 하면 된다고요. 이후 현승이의 성적은 내신, 모의고
사 할 것 없이 급락했고 그 바람에 '긴 지문, 긴 문제의 모의고
사 스타일에 약점이 있음'이라는 사실은 자연스럽게 묻혀버리
고 맙니다.

모든 실패의 시작은 독해력 부재

──────────────── 이 모든 것이 근본적으로
'독해력이 없어서' 발생한 일입니다. 읽기가 잘 안 되다 보니 과
목 불문하고 지문이나 문제를 제대로 파악하지 못했고, 이것이
문제 풀이는 물론 쓰기 역량에까지 악영향을 준 것이지요. '독해
력 부족'이라는 치명적인 실패 요인은 자주 나오는 문제 유형을
암기만 해도 성적이 곧잘 나오는 중학교 때까지는 잠복해 있다
가 자료의 해석을 중요 역량으로 평가하는 고등학교 때 비로소
발현됩니다. 학원을 꾸준히 다니고 선행도 착실히 했던 현승이
의 경우 그 겉핥기식 진단이 독이 되어 잠복기를 심화시켰습니
다. 긴 문장들을 잘 이해하지 못하는 모습이 종종 목격되었음에

도 불구하고 단지 아이 성격이 '꼼꼼하지 않고 매사에 대충 보는 경향이 있다'고만 생각해 대수롭지 않게 넘겼던 것이 낳은 결과입니다. 고3인 현승이는 내신이 좋은 편이 아니라 수능 정시전형으로 진학할 수밖에 없습니다. 하지만 익히 아시다시피 요즘 수능은 '독해시험'입니다. 국어, 영어뿐만 아니라 수학, 과학도 마찬가지죠. 여기까지 이르면 현승이 말처럼 상황을 받아들이는 것이 최선일지 모릅니다.

현승이의 실패 사례 분석

- 어릴 때부터 책 읽는 습관이 전혀 되어 있지 않은 상태로 초/중학교 시절을 보냄 → 실패잠복기 시작
- 고등학교 입학 후 성적의 급락. 원인을 알지 못한 채 학원, 과외 등을 전전 → 부정확한 진단으로 독해력 부족 악화
- EBS 수능영어 한글 해석본을 읽지 못함. '읽기' 능력과 관련된 현승이의 수많은 실패 사례들에서 동일한 원인이 발견됨 → **근본독해력의 부재**

독해력이
대입을 결정한다

우리 아이들이 수능 시험을 볼 때 어떤 문제들을 풀게 될까요? 다음은 2020년도 실제 수능 문제입니다. 한 눈에 보아도 단순히 수학이나 과학 교과 내용을 잘 안다고 해서 곧바로 정답을 찾을 수 있는 것은 아니라는 걸 알 수 있습니다. 도중에 '제시문' 또는 '문제 조건'이라는 길고 높은 산을 넘어야 합니다. 그리고 이를 위해서는 독해력이라는 등산 스킬이 요구됩니다. 주어진 제시문부터 제대로 파악하고 나서야 정답의 실루엣이 보이는 것이죠.

14. 숫자 1이 적혀 있는 공 10개, 숫자 2가 적혀 있는 공 20개, 숫자 3이 적혀 있는 공 30개가 들어 있는 주머니가 있다. 이 주머니에서 임의로 한 개의 공을 꺼내어 공에 적혀 있는 수를 확인한 후 다시 넣는다. 이와 같은 시행을 10번 반복하여 확인한 10개의 수의 합을 확률변수 Y라 하자. 다음은 확률변수 Y의 평균 $E(Y)$와 분산 $V(Y)$를 구하는 과정이다.

주머니에 들어 있는 60개의 공을 모집단으로 하자. 이 모집단에서 임의로 한 개의 공을 꺼낼 때, 이 공에 적혀 있는 수를 확률변수 X라 하면 X의 확률분포, 즉 모집단의 확률분포는 다음 표와 같다.

X	1	2	3	합계
$P(X=x)$	$\dfrac{1}{6}$	$\dfrac{1}{3}$	$\dfrac{1}{2}$	1

따라서 모평균 m과 모분산 σ^2은

$$m=E(X)=\frac{7}{3}, \quad \sigma^2=V(X)=\boxed{\text{(가)}}$$

이다.

모집단에서 크기가 10인 표본을 임의추출하여 구한 표본평균을 $\overline{X}$라 하면

$$E(\overline{X})=\frac{7}{3}, \quad V(\overline{X})=\boxed{\text{(나)}}$$

이다.

주머니에서 n번째 꺼낸 공에 적혀 있는 수를 X_n이라 하면

$$Y=\sum_{n=1}^{10}X_n=10\overline{X}$$

이므로

$$E(Y)=\frac{70}{3}, \quad V(Y)=\boxed{\text{(다)}}$$

이다.

위의 (가), (나), (다)에 알맞은 수를 각각 p, q, r라 할 때, $p+q+r$의 값은? [4점]

① $\dfrac{31}{6}$ ② $\dfrac{11}{2}$ ③ $\dfrac{35}{6}$ ④ $\dfrac{37}{6}$ ⑤ $\dfrac{13}{2}$

2020학년도 수학능력시험 수학영역 (가)형

26

19. 다음은 어떤 가족의 유전 형질 ㉠에 대한 자료이다.

○ ㉠을 결정하는 데 관여하는 3개의 유전자는 모두 상염색체에 있으며, 3개의 유전자는 각각 대립 유전자 A와 a, B와 b, D와 d를 갖는다.

○ ㉠의 표현형은 유전자형에서 대문자로 표시되는 대립 유전자의 수에 의해서만 결정되며, 이 대립 유전자의 수가 다르면 표현형이 다르다.

○ 표 (가)는 이 가족 구성원의 ㉠에 대한 유전자형에서 대문자로 표시되는 대립 유전자의 수를, (나)는 아버지로부터 형성된 정자 Ⅰ~Ⅲ이 갖는 A, a, B, D의 DNA 상대량을 나타낸 것이다. Ⅰ~Ⅲ 중 1개는 세포 P의 감수 1분열에서 염색체 비분리가 1회, 나머지 2개는 세포 Q의 감수 2분열에서 염색체 비분리가 1회 일어나 형성된 정자이다. P와 Q는 모두 G_1기 세포이다.

구성원	대문자로 표시되는 대립 유전자의 수
아버지	3
어머니	3
자녀 1	8

(가)

정자	DNA 상대량			
	A	a	B	D
Ⅰ	0	?	1	0
Ⅱ	1	1	1	1
Ⅲ	2	?	?	?

(나)

○ Ⅰ~Ⅲ 중 1개의 정자와 정상 난자가 수정되어 자녀 1이 태어났다. 자녀 1을 제외한 나머지 가족 구성원의 핵형은 모두 정상이다.

이에 대한 설명으로 옳은 것만을 <보기>에서 있는 대로 고른 것은? (단, 제시된 염색체 비분리 이외의 돌연변이와 교차는 고려하지 않으며, A, a, B, b, D, d 각각의 1개당 DNA 상대량은 1이다.)

─────〈보 기〉─────

ㄱ. Ⅰ은 감수 2분열에서 염색체 비분리가 일어나 형성된 정자이다.

ㄴ. 자녀 1의 체세포 1개당 $\dfrac{\text{B의 DNA 상대량}}{\text{A의 DNA 상대량}} = 1$이다.

ㄷ. 자녀 1의 동생이 태어날 때, 이 아이에게서 나타날 수 있는 ㉠의 표현형은 최대 5가지이다.

① ㄱ   ② ㄴ   ③ ㄷ   ④ ㄱ, ㄴ   ⑤ ㄱ, ㄷ

2020학년도 수학능력시험 과학탐구영역 생명과학 I

현승이 부모님은 독서교육의 중요성을 몰랐던 것도, 노력을 안 했던 것도 아닙니다. 독서교육을 단순히 '책 읽는 습관 들이기'라는 형식적인 수준으로만 인식했던 것이 실패의 원인이었습니다. 중요성만 인식했지 정작 바람직한 방법을 찾는 데까지는 도달하지 못한 것이죠. 결국 현승이는 필요한 시기에 걸맞은 독해력을 키우지 못했고 본 게임이 시작되는 고교시절에 최악의 학습 부진에 빠집니다. 모두가 피하고 싶은 케이스이지만 안타깝게도 상당수의 고등학생들이 여기에 해당됩니다. 독해력은 국어 교과를 잘하는 데 도움이 되는 세부능력이 아니라 전과목 학습에 필수인 기초 역량입니다. 국어, 영어 등 언어뿐만 아니라 사회와 과학, 그리고 결정적으로 수학에 이르기까지, 학습의 전 영역에 실로 엄청난 영향을 끼치기 때문에 저는 이를 강조하여 '근본독해력'이라고 부릅니다.

근본독해력을 키워주는
우리 아이 독서 코칭

독해력은 '배우는 능력'을 올려주는 학습 역량입니다. 독해력이 뛰어난 아이들은 교과서를 보든, 학교 수업을 듣든, 인강을 듣든, 같은 공부를 하더라도 이해가 훨씬 빠릅니다. 그런데 현실은 독해력이라는 학습의 기초 체력보다 눈앞의 점수와 선행 진도에만 초점을 두고 있는 경우가 더 많습니다. 왜냐하면, 독해력은 당장 눈에 보이지 않고 점수와 진도는 보이기 때문이죠. 아이는 그럴 수 있습니다. 하지만 독해력에 대한 부모의 인식 부재가 걸림돌이 되어서는 안 될 것입니다. 아이의 독해력 향상을 위해서 가정에서 어떻게 코칭해줘야 하는지, 그 효과적이고 실천적인 방법을 소개합니다.

STEP1 아이의 첫 책 찾아주기

효과적인 독서교육을 위해서 부모가 할 수 있는 일, 그 첫 번째는 아직 스스로 책을 고르지 못하는 아이를 위해 좋은 책을 골라주는 것입니다. 독서 정보 커뮤니티, 추천도서 목록, 온라인 서점의 베스트셀러, 주변 엄마의 경험담까지 부모님의 정보 수집 능력에 따라 아이들이 실제 읽게 되는 책이 달라지게 될 텐데요, 이때 아이는 대개 아래와 같은 반응을 보입니다.

① 흥미 분야의 책이 아이 수준보다 쉽다면?
   아이의 반응: 재미있게 읽는다(너덜너덜할 때까지 읽을 수도 있다)

② 흥미 분야의 책이 아이 수준보다 어렵다면?

　　아이의 반응: 재미없다고 한다(어렵다는 말은 하지 않는다)

③ 관심 없는 분야의 책이 아이 수준보다 쉽다면?

　　아이의 반응: 시시하다고 한다

④ 관심 없는 분야의 책이 아이 수준보다 어렵다면?

　　아이의 반응: 역시나 재미없다고 한다(어렵다는 말은 하지 않는다)

아이들이 '엄마가 골라준' 책 읽기에 실패하는 대표적인 케이스는 바로 ③번과 ④번입니다. 결국 많은 어머님들이 시간과 노력을 들이는 '좋은 책, 그중에서도 더 좋은 책'을 고르는 것은 이 단계에선 큰 의미가 없다는 이야기지요. ①번을 제외한 모든 경우 아이는 책 읽는 게 재미없고 시시하다고 합니다. 절대 어렵다는 말은 하지 않는다는 데 주목하시기 바랍니다. 아이가 어렵지만 읽고 싶다고 할 때 우리는 많은 것을 제공해줄 수 있고 성장을 기대할 수 있습니다. 하지만 그것은 재미있어 자꾸 읽고 싶은, '첫 번째 책'이 있고 나서의 이야기입니다. 우리 부모님이 하실 독서교육 코칭 그 첫 번째 스텝은 이 ①번 책을 찾아주시는 것입니다.

어른들끼리 아무리 독서의 중요성을 이야기해도 정작 당사자인 아이들은 책 읽기에 관심이 없습니다. 중요성을 몰라서 책을 안 읽는 것이 아니라 재미가 없어서 읽는 게 힘들기 때문입니다. 그런 의미에서 독서의 올바른 시작점은 책의 첫 장을 읽기 시작하는 것이 아니라, 자신의 관심에 따라 스스로 책을 골라보는 것입니다. 이 경우, 책의 완독률과 몰입도가 높을 수밖에 없습니다. 게다가 자연스럽게 연계 독서로 이어지기 때문에 독서의 지속성에도 큰 도움이 됩니다. 부모가 아이의 관심사를 파악해서 책을 대신 골라주는 것은 아이가 성장해가면서 점차 한계를 갖습니다. 아이가 자신의 흥미와 관심을 이해하고, 관련된 책을 스스로 고를 수 있도록 독서환경을 조성해주시는 것이 책을 골라주는 것보다 더 중요한 역할입니다.

관심기록노트 작성

———————— 관심기록노트란 책에서, 영화에서, 영상에서, 인터넷에서, 여행에서, 탐방에서, 기타 일상에서 생기는 아이의 관심에 대한 기록입니다. 평소 우리 아이를 다양한 환경에 노출시켜주고, 그때마다 관심기록노트를 간단히 작성하게 하여 관

심 있고 흥미 있는 분야의 책을 고르도록 유도해주시기 바랍니다. 주말에 함께 〈고질라〉를 보고 아이가 3D 영화 제작에 흥미를 보인다면 영화라는 매체를 통해 새로운 관심 영역이 생긴 것입니다. 이때 부모님은 영화 제작, 컴퓨터 그래픽에 관한 기사나 프로그래머, 3D 모델러 같은 직업에 대한 책 등을 권함으로써 학생의 흥미를 롤모델, 직업에 관한 지식 등으로 확장시켜줄 수 있습니다. 이는 앞서 말한 ①번의 사례에서 ②번의 사례로 책 읽기의 수준을 확대할 수 있는 매우 좋은 기회입니다.

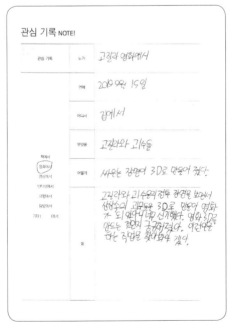

* QR코드를 스캔하시면 양식을 다운 받을 수 있습니다.

서점/도서관에서 책 찾기

──────────── 책을 스스로 고르는 능력을 키우기 위해서는 본인의 흥미와 수준을 고려한 책 찾기 연습을 꾸준히 해야 합니다. 그래서 저는 온라인보다는 오프라인 서점 및 도서관을 자주 방문하라고 조언을 하는데요, 아이들이 직접 책을 눈으로 보고, 손으로 만져보고 내용도 훑어볼 수 있어야 흥미도 생기고 알맞은 수준인지도 가늠할 수 있게 되기 때문입니다. 책 찾기 미션은 두 가지 방법으로 해볼 수 있습니다.

눈으로 찾기

도서 검색이 아닌 책장에서 눈으로 책을 찾는 것을 원칙으로 하며, 같은 소재(주제)의 책이라도 장르나 종류 불문, 아이의 눈높이에서 다양한 책을 찾도록 유도합니다. 단순하게 표지 그림이나 제목을 보고 골라도 좋고 서문이나 에필로그 등 본문 일부를 살펴보고 골라도 좋습니다. 독서 경험이 있고 책 읽기를 좋아하는 아이의 경우 호감을 보인 작가를 기억해두었다가 작가 중심으로 고르는 것도 방법입니다.

너무 많은 책 중에서 한 권을 고르라고 하면 모르겠다고 하거나 엄마가 골라달라고 할 수도 있는데, 이럴 경우 스스로 책도 고를 줄 알아야 한다고 다그치지 마시고 약간의 융통성을 발휘해주시면 됩니다. 서점에 데리고 가자 마자 책이 좋아 서가로 뛰어가는 아이는 없으니까요.

아이가 처음이라 막막해한다면 서가의 특정 코너로 데려가 그 안에서 고르게 해도 좋고, 몇몇 코너에서 제목에 키워드가 들어간 책을 뽑은 후 그중에서 선택하게 하는 것도 좋습니다. 예를 들어 '개미'에 대한 책을 찾아보기로 했다면, 일단 제목에 개미가 들어가는 책 몇 권을 찾아오게 합니다. 아이가 《뒤로 가는 개미》(유강희 지음, 문학동네, 동시집), 《개미 정원》(정성란 지음, 효리원, 창작동화), 《미래 생태학자를 위한 개미》(국립생태원 엮음, 국립생태원, 아동과학)를 찾아왔다면 그중 마음이 드는 것을 고르라고 합니다. 그리고 그 책이 좋은 이유를 들어보고 다음 방문시에 유사한 책들이 있는 곳에서 시작하면 됩니다.

키워드 검색으로 찾기

관심 키워드(소재/주제)로 책을 미리 검색해본 후 3~4권의 구매(또는 대출) 후보를 선정합니다. 그런 다음 서점(도서관)에서 실제로 그 책들을 찾아보고 그중 읽고 싶은 책 1권을 고릅니다. 앞의 경우처럼 '개미'와 관련된 책을 고른다고 하면, 먼저 온라인 서점에 들어가 '개미'라는 키워드로 검색을 하고 검색된 책들의 세부사항들을 살펴보게 하는 것이지요. 책에 대한 흥미 유발을 위해서는 실물 책을 많이 접하는 것이 좋지만 이 방법 또한 키워드의 '검색'을 통해 원하는 정보를 얻는 연습이 되는 장점이 있습니다. 인터넷을 통한 자료 조사는 수행시대 아이들에게는 필수적인 스킬이기도 하니까요.

🗨 STEP3 대입까지 연결되는 독서 포트폴리오 함께 만들기

일반적으로 책의 첫 페이지부터 마지막 페이지까지 다 읽으면 '독서'를 했다고 생각합니다. 하지만 진정한 의미의 책 읽기, 특히 독해력 향상을 위한 책 읽기는 독서 과정 중 얻게 된 지식, 개념, 감상 등을 표현(기록)해보고 체계적으로 보관해놓는 것, 즉 독서 포트폴리오를 만드는 과정까지를 포함하는 활동입니다.

독서 포트폴리오의 토대가 되는 독서활동 기록지

* QR코드를 스캔하시면 해당 양식을 다운 받을 수 있습니다.

교과 역량 강화를 위한 독서활동 기록지

독서는 모든 공부의 바탕이 됩니다. 이 기록지는 교과목과 관련된 소재 및 주제의 책 읽기를 했을 때 작성하는 용도입니다.

단순한 읽기 활동만으로는 책 내용을 다 기억하거나 활용하는 데 한계가 있으므로 '새로 알게 된 지식과 관련 호기심 확장'에 중점을 두고 작성하면 좋습니다.

롤모델을 통한 진로 독서활동 기록지

인물과 관련된 책을 읽을 때 활용할 수 있는 기록지입니다. 특히 초중등 학생들이 하는 진로 관련 독서는 상당수가 인물 이야기(위인전) 형태이기 때문에 이 형식을 활용하면 좋습니다. '인물

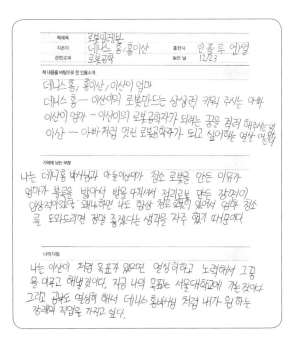

독서활동 기록지 예시_롤모델을 통한 진로 독서활동 기록지

에 대한 객관적인 사실과 인상적인 부분, 진로와 관련된 나의 다짐'에 중점을 두고 작성합니다.

관심 분야를 위한 독서활동 기록지

특정 영역에 대한 깊이 있는 독서는 진로와 관련된 구체적인 지식을 얻을 수 있고, 그때그때 관심 있는 분야의 독서는 보다 넓은 지식을 갖춘 T자형 인재가 되기 위한 역량을 갖추는 데 유리합니다. 이 기록지는 앞서 소개한 관심기록노트의 다음 단계로도 활용할 수 있으며, 관심 분야에 대해 '어떻게 관심을 가지게 되었고, 어떤 점이 궁금해 이 책을 읽는지, 읽고 난 후 무엇을 알게 되었는지, 앞으로의 활동 계획은 무엇인지' 등에 중점을 두고 작성합니다.

마음의 양식을 위한 독서활동 기록지

나눔과 배려, 공동체 의식, 리더십, 고난 극복, 효행 등 인성 함양을 위한 책을 읽고 난 뒤 마음의 양식으로 남겨두기 위한 독서활동 기록지입니다. '책의 내용과 인상적인 부분, 읽고 난 후 나의 생각과 느낌'에 중점을 두고 작성합니다.

어휘력 신장의 최강 도우미, 국어 단어장

──────────────────────── 앞서 말했듯이 학습 능력 저하의 가장 큰 원인 중 하나가 독해력 부족입니다. 그리고 그 독해력 부족의 가장 큰 원인은 어휘력 결핍이죠. 특히 국어 어휘력 결핍은 단연코 학습 역량 저하의 주범입니다. 영어 어휘는 그토록 목숨을 걸고 매달리면서도 국어 어휘에 관해서는 그다지 신경 쓰지 않는 것은 정말 큰 모순입니다. 다년간의 입시영어 지도로 영단어 학습조차 국어 어휘력에 엄청난 영향을 받는다는 것을 목격한 저로서는 실로 통탄할 현실이지요.

"소장님, 저희 아이는 독서를 그래도 꾸준히, 꽤 했는데도 독해력이 늘고 있는 것 같지 않아요. 뭐가 문제일까요?" 어머님들이 가장 많이 상담해오는 고민입니다. 그러면 저는 두 가지를 묻습니다. 첫째 독서활동 기록지를 남겨서 자신이 읽은 내용과 생각을 정리해보고 있는지, 둘째 몰랐던 국어 어휘를 따로 정리해놓고 있는지. 그런데 대부분 그렇게 하고 있지 않습니다. 특히나 단어장을 따로 만들고 있는 경우는 극히 드뭅니다. 영어 단어장, 영단어 학습 교재는 몇 권씩 있으면서도 말이죠. 이것이 제가 독서 포트폴리오에 '국어 단어장'을 넣어놓은 이유입니다.

교과서 또는 책 읽기를 통해 낯선 단어를 만났을 때 문맥을 통해 유추해보는 방법도 좋지만 장기기억으로 남기기 위해서는 문장+관련 어휘의 뜻을 같이 공부하는 온/오프라인 '단어장'을 만들어보기를 추천합니다. 게다가 이 단어들 중에는 교과서나 책에 자주 등장하지만 일상생활에서 비교적 잘 쓰이지 않는 한자어로 만들어진 '용어'들도 많아서 한자 공부를 하는 계기가 되기도 합니다. 검색용 온라인사전은 '네이버 사전'을 추천하는데, 검색시 어학사전과 지식백과를 모두 활용할 수 있어 용어사전도 함께 만들 수 있기 때문입니다.

네이버 어학사전을 활용한 과목별 국어 단어장 만들기

① 교과서나 책을 보면서 모르는 단어는 연필로 표시해둔다.

② 챕터가 끝날 때마다 또는 책을 완독하고 나서 표시해둔 단어들을 온라인사전에서 검색한다.

국어사전 선택 후 단어 검색 → 내용 확인 후 단어장에 저장

③ 과목별 단어장을 만들어 검색된 내용을 저장한다.

④ 개별 단어장에서 단어 공부를 하고 필요하다면 인쇄 기능을 사용하여 오프라인에서도 활용한다.

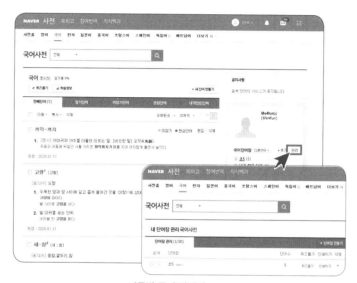

과목별 국어 단어장

퀴즈 등을 통한 암기

국어 단어장 인쇄하기

백과사전을 활용한 용어사전 만들기

네이버에서 어학사전과 함께 서비스되는 지식백과 외에도 수학/과학/문학 등 분야 사전 역시 백과사전으로 매우 유용합니다. 어학사전과 동일한 방식으로 지식백과에서 어휘를 검색, 검색된 지식을 '담기' 기능을 활용하여 지식리스트에 넣어놓으면 나만의 온라인 백과사전으로 활용할 수 있습니다. 이렇게 배운 단어들을 가지고 끝말 잇기, 사자성어 릴레이 등의 게임으로 연결시키면 아이에게 공부 스트레스를 주지 않고 자연스럽게 어휘력을 늘려나갈 수 있으니 적극 활용하시는 것을 추천합니다.

지식백과 선택 후 단어 검색

내용 확인 후 지식리스트에 저장

🗨 STEP4 신문을 활용한 배경지식 쌓아주기

신문에는 나라 안팎의 소식과 최신 이슈 등이 집약되어 있어 배경지식으로서 시사상식을 얻을 수 있고, '기사'라는 글 양식의 특징인 정확한 표현과 고급 어휘 등을 배울 수 있는 장점이 있습니다. 아래 소개하는 신문들을 구독하여 손으로 넘기며 보는 맛을 느끼게 해도 좋겠지만(보통 주 1회 발간), 각 신문사의 홈페이지를 통해 매일의 뉴스를 접하게 하고, 필요하다면 출력을 해서 사용하는 것도 충분히 도움이 됩니다.

- 어린이조선일보 http://kid.chosun.com

- 소년한국일보 http://kids.hankooki.com

- 어린이동아 http://kids.donga.com

- 어린이경제신문 http://www.econoi.com

- The Teen Times(영자신문) http://www.teentimes.org

초등학교 저학년 추천 활동

───────────────── 어린이용 신문만을 활용합니다. 우선 어린이용 신문은 아이들이 관심 있어할 만한 기사와 그림, 만화, 퍼즐 등으로 구성되어 있어 신문에 대한 긍정적인 인식을 심어줄 수 있습니다. 어린이 신문은 보통 초등 3~4학년 수준으로 맞춰져 있는데, 아이들이 쉽게 읽을 수 있는 만화 부분은 혼자 읽게 하고, 조금 어려운 내용들은 부모가 함께 읽으면서 보충 설명을 해주는 것이 좋습니다. 또한 신문 및 기사 등에 관심이 많다면 어린이기자로 활동해보는 기회도 있으니 각 신문사별로 모집 시기를 잘 체크해보시기 바랍니다. 사실 신문은 아이들이 수행평가 시에 자주 활용하게 되는 기초 자료입니다. 어려워하는 기사가 있다면 읽고 6하원칙에 따라 요약하거나, 기사를 얇은 한 권의 책이라고 가정하고 헤드라인을 중심으로 표지를 그려보

는(디자인해보는) 활동을 추천합니다. 더불어 오늘 읽은 기사 내용을 보다 잘 기억하고 이해하기 위해 부모와 함께 기사 내용에 대해 ○×퀴즈를 해보는 것도 좋습니다.

초등학교 고학년/중학생 이상 추천 활동
──────────────────────────── 아이가 초등학교 고학년 이상이라면 어린이 신문 기사와 같은 내용의 일반 신문 기사를 찾아 읽어보게 하는 것을 추천합니다. 내용을 이해하고 있는 상태에서 조금 더 고급스러운 어휘 선택과 풍부한 내용 구성을 볼 수 있습니다. 고학년 이상의 아이들에게 효과적인 대표적인 활동을 하나 더 추천하자면 찬반이 나뉠 수 있는 기사에 대해서 부모와 '간이 찬반토론'을 진행해보는 것입니다. 찬반토론을 준비하는 과정에서 아이에게 본인의 주장을 뒷받침할 수 있는 내용을 추가 검색하거나 책을 찾아보는 방법 등을 알려주면 호기심 확장의 부가적인 효과도 기대할 수 있습니다. 또한 오늘 하루 동안 읽은 기사 내용을 재구성해 6하원칙에 따라 나만의 기사, 나만의 신문을 만드는 활동도 추천합니다.

일상에서 가장 빈번히 아이들에게 지적 흥미를 유발할 수 있는 소재가 있습니다. 바로 학교 교과서입니다. 학교 교과서에는 '교과수록도서'의 내용이 수록되어 있고, 수록되어 있지는 않지만 연계해서 읽으면 학습 내용에 이해도를 높임은 물론 흥미 유발과 이후의 학습 확장에 도움이 되는 책들도 있습니다. 이를 '교과연계도서'라고 하지요. 우선 제가 추천하는 초중등 교과연계도서 리스트를 확인해보세요. 이 페이지 상단의 QR코드 또는 교집합 카페(https://cafe.naver.com/bumoico)를 통해 다운 받으실 수 있습니다. 이곳 추천도서 게시판에서 제 추천 리스트 외에도 교과수록도서 리스트, 교육청과 일선 학교, 전국 도서관, 교육전문가 등이 추천한 인문고전 추천도서, 초중학생 필독서 리스트도 함께 확인하실 수 있습니다. 명심하실 것은 이러한 추천도서들을 아이에게 꾸러미로 안겨주셔서는 안 된다는 것! 리스트를 참고하여 아이와 함께 도서관이나 서점에 가서 아이가 스스로 책을 선택하게 하셔야 합니다. 다시 한 번 강조하지만 독서의 올바른 시작은 자신의 관심에 따라 스스로 책을 골라보는 것임을 명심하세요!

책 읽은 후 부모 숙제

1. 〈학부모 셀프 진단 체크리스트〉 해보기

2. 독서활동 기록지 4종과 추천 도서 리스트 다운로드 받기

3. 교집합 카페 추천도서 확인해보기

4. 서점/도서관에서 책 찾기 미션 실행

5. 독서 포트폴리오 작성해보기

6. 위 3~5번 반복

2장

과정평가 시대의 유일한 희망, 자기주도학습 역량

지금 부모세대는 평균 30년의 직장생활 동안 5개의 직장을 거친다고 합니다. 그런데 우리 자녀세대는 평균수명이 더 길어져 35~40년을 일하고 5~10개 정도의 직장을 경험한다고 하죠. 직장과 진로, 대학 선택에 대한 발상의 전환이 필요한 시기입니다. 이런 세상에서 살아가야 할 아이들에게 가장 필요한 역량은 무엇일까요? 그것은 바로 새로운 지식과 역량이 필요할 때 그 안에서 필요한 수준으로 잘 배우기 위한 계획을 세우고 실천할 수 있는 능력입니다. 그런데 그 역량은 하루아침에 만들어지는 것이 아니죠. 목표를 위해서 현재의 나를 객관적으로 평가하고 또 어떤 방법을 통해서, 어떤 도구들을 활용해야 하는지를 연습하는 과정이 필요합니다. 이것이 소위 4차산업시대가 요구하는 자기주도학습 능력입니다. 자기주도학습을 단순히 '혼자 공부하는 것'이라고 생각하고 계셨다면 지금부터 그 생각을 버리시기 바랍니다.

자기주도 없는, 사교육 의존이 초래한 비극

막연한 불안감으로 인한 부모의 학원 쇼핑

—————————————————— 서울 목동에 사는 선호는 초등학교 때부터 오후 시간의 대부분을 학원에서 보냈습니다. 선호 어머니는 학구열 높은 주변 엄마들에게서 교육 정보를 수집하는 편인데, 상대적으로 귀가 얇고 행동력이 좋은 엄마 덕분에 선호는 짧은 시간 동안 다양한 학원을 섭렵했습니다. 학원들을 옮길 때마다 평균적응기간 1~2달을 소모했고, 중학 수학 1단원 기초는 4번까지 서로 다른 학원에서 배워본 경험이 있을 정도죠. 선호 어머니는 학원을 자주 옮기는 것에 대해서 아이에게 잘 맞는 학원을 찾는 과정이라고 얘기했지만 사실 확신이 있었던 건 아닙니다. 선호의 성적과 선행 진도에 대해서는 너무나도 잘 알고 있지만 선호가 각 과정을 얼마나 '아는지'에 대해

서는 잘 몰랐으니까요. 완벽한 학원에 대한 이상이 있었고, 선호 스스로가 공부를 해야 한다는 것보다 최고의 학원을 찾는다면 그곳에서 선호가 잘 '만들어질 수 있다'라는 생각이 깊게 자리잡고 있었습니다.

당사자인 선호는 어릴 때부터 최소 2, 3개, 많게는 6개의 학원을 다녀온 탓에 특정 학원은 아니지만 '학원'이라는 존재 자체에 대한 의존도가 높았습니다. 그리고 어느 학원에서든 성적만 올리면 된다고 생각했기 때문에 학원에서 시키는 대로 하는 것에는 익숙해져 있었죠. 학원을 다니는 자세만 본다면 선호는 과제도 밀리지 않고 결석도 하지 않는 나름 모범생이었지만 가장 큰 문제는 이런 식의 학원 쇼핑이 이어지는 동안 선호가 언제 무너져도 신기할 것 없는 실패잠복기들을 지나고 있었다는 사실입니다.

중2까지 곧잘 성적을 받아오던 선호가 중3이 되자 처음으로 위기를 맞이합니다. 평소와 다를 바 없이 수업과 과제들을 성실히 완수했는데 1학기 중간고사에서 수학과 영어 점수가 그야말로 폭락한 겁니다. 충격에 휩싸인 선호 어머니는 모든 수단을 총동원해 실력 있는 학원 찾기에 돌입했고 영수 학원 전체를 바꾸는 과정을 거쳐 성적은 회복되었습니다. 이번에야 말로 제대로 된 학원을 찾았다며 마음을 놓았죠. 주변에서는 고등학생이 되면 이제 진짜 자기주도를 해야 한다고 말했지만 이 사건은 선호 어머니와 선호 둘 다를 더욱 더 학원에 의존하게 만들었습니다.

선호는 고등학생이 된 지금도 여전히 수학학원 2개와 영어 과외를 중심으로 방과후와 주말 스케줄이 빡빡합니다.

'시키는 것은 성실히'가 더 이상 통하지 않는 때가 온다

──────────────────────────────── 선호가 진학한 고등학교는 주변에서도 내신 시험문제가 어렵기로 소문난 학교입니다. 하지만 선호가 학원 과제, 수업, 테스트 등을 별 문제 없이 패스했으니 중간고사 성적에 대해선 크게 걱정하지 말라는 학원의 상담 전화도 있었기에 어머니는 내심 이번 시험 성적에 기대가 컸습니다. 하지만 결과는 참담했죠. 어머니는 아예 머리를 싸매고 누웠습니다. 선호의 중간고사 성적은 평균 80점대, 주요 과목 중 수학은 특히나 지금까지 본 적 없는 점수를 받았습니다. 등급으로 따지면 7등급. 학원에 가서 상담을 해봐도 실수를 너무 많이 한 것 같다는 말뿐, 뚜렷한 해결책을 내놓지 못합니다. 선호의 이야기도 다를 게 없습니다. 어려운 문제가 몇 개 있긴 했지만 이렇게 성적이 안 나올 줄은 본인도 몰랐다는 겁니다. 선호 어머니는 그 길로 다시 학원을 알아봅니다.

중간고사가 끝난 5월. 선호는 다시 새로운 학원에 적응을 해야 했고 동시에 고등학교에서는 지필고사 못지않게 중요하다는 수행평가도 준비해야 합니다. 전과목에 걸쳐 쏟아지는 수행평가는 개인 과제도 있고, 조별 과제도 있는데 선호는 중간고사를 망친 탓에 학원 스케줄이 엄청 늘어났기 때문에 다른 친구들에 비해 시간이 너무 부족합니다. 특히 조별 수행평가가 문제입니다. 중학교 때는 가끔 빠져도 조별 수행평가 참여점수에서 친구들이 배려를 해줬던 것 같은데 고등학교에 올라오니 다들 수행평가 점수 1,2점에 민감하게 굽니다. 도저히 혼자 학원을 핑계로 빠질 수가 없습니다. 빡빡한 학원 스케줄에 수행평가까지…. 5월 내내 학교에서 돌아온 선호가 잠자리에 드는 시간은 새벽 두세 시. 그나마 지금까지 선호의 장점이었던 '시키는 것은 성실히 해오던 자세'가 물리적인 시간의 부족으로 더 이상 발휘될 수가 없는 지경에 이르고 맙니다.

어려운 내신, 막막한 수행평가, 해법은 자기주도학습뿐

————————————————————————— 고등학교는 중학교에 비해 시험 보는 과목 수도 많고 지필시험 범위도 넓습니다. 게다가 시험 문제도 이전과는 달리 문제집 암기로는 해결되지 않는 수준으로 출제되죠. 학교에서 보는 모의고사도 누적 범위에, 문제 유형도 내신과 많이 다르다 보니 내신 시험처럼 따로 대비를 할 수도 없습니다. 중학교 때완 달리 학원에서 해주지 않는 것들(수행평가, 동아리, 자율활동, 독서 등)이 점점 늘

어가는데 학원은 학원대로 테스트며 과제가 몰아치니 선호는 당
장 눈앞에 다가오는 것들을 쳐내기 바쁩니다. 성적도 안 좋고,
수업 중 수행평가 결과도 안 좋고, 과제물 수준도 낮고, 학생부
에 추가되는 것들도 부족하고, 잊어버리는 것도 많습니다. 그야
말로 정상적인 학교생활, 학원생활, 학습 자체가 불가능한 상황
입니다.

선호의 실패 사례 분석

· '훌륭한 학원이 아이를 인재로 만든다'고 믿는 부모님에 의해 어릴 때부터
  수많은 학원에서 의존적인 학습을 함 → 실패잠복기 시작
· 중3 때 1차 위기 상황. 하지만 이 역시 학원을 바꾸는 것으로 해결. 고등학
  교 진학 후에도 상위권을 노리며 학원에 집중 → 의존도의 심화
· 공부의 양과 범위가 늘어나고 수준도 높아지는 상황에서 내신과 학원 시
  험, 수행평가를 모두 대비해야 하는 선호는 그 무엇도 제대로 해결할 수
  없게 됨 → **자기주도학습 역량의 부재**

고등 대비의 핵심은 자기주도학습 역량

교과 선행도 현실적으로는 필요하지만, 고등 대비의 핵심은 사실 자기주도학습 역량입니다. 요즘 같은 시기에 한가하게 그럴 시간이 어디 있느냐 생각하실 수도 있지만 고교에 진학하고 나면 누구나 몰아치는 학습량에 멘붕 상태에 빠지는 경험을 합니다. 이때 필요한 것은 우선순위를 결정하고 선택 집중하여 위기 상황을 탈출하는 것인데, 자기주도학습 역량이 없는 아이들은 그걸 해낼 수가 없습니다. 더욱 무서운 것은 이 역량이야 말로 충분한 시간을 투자한 선행 없이 벼락치기로 만들 수 없는 것이라는 점이지요. 초,중, 고등학생 때 키우고 대학생이 되고 어른이 되어서도 빛을 발해야 하는 역량이 바로 자기주도력입니다.

자기주도학습 역량 만들기
실천 가이드

📢 STEP1 우리 아이 자기주도학습 성향 파악하기

본인의 성향 및 현재 학습과정과 결과(성적)를 제대로 파악하는 것은 구체적인 자기주도학습 계획을 수립하기 전, 매우 중요한 단계입니다. 대부분의 아이들은 학습에 있어 자신의 장점과 단점이 무엇인지 쉽게 파악하지 못하고 그저 공부 잘하는 아이의 방법을 따라하는 방식으로만 공부를 하게 되는데요, 하지만 자신의 장단점을 파악하는 것은 메타인지력을 키워 학습의 효율을 높이는 데 있어 필수적입니다. '메타인지력'이란 자신의 인지상태에 대해 스스로 생각하여 자신이 아는 것과 모르는 것을 자각하고 문제점을 찾아 해결하며 자신의 학습과정을 조절할 줄 아는 능력을 말합니다. 쉽게 말해 '내가 국어에서 문학 파트는 잘하는 편이지만 비문학 파트는 좀 약하니, 평소에 신문의 칼럼이나 기사를 읽고 요약 정리하는 연습을 해야겠다'처럼 내가 부족한 부분을 인지하고 이를 보완하는 학습방법을 고민하고 실행하는 것입니다.

자기주도학습 역량 검사

──────────── 이 검사는 학생이 현재 자기주도학습을 잘하고 있는지 점검하고 공부에 대한 평소 자신의 생각을 되돌아볼 수 있는 구체적인 문항으로 구성되어 있습니다. 각 문항에서 '매우 그렇다' 등의 긍정 비율이 높을수록 자기주도학습 능력이 높음을 의미합니다. 생각했던 정도의 수준이 나오지 않았다면 우선 최소한 1~2문항이라도 '매우 그렇다'고 대답할 수 있도록 꾸준히 도전해보기 바랍니다.

	자기주도학습 역량 평가	매우 그렇다	대체로 그렇다	보통 이다	대체로 그렇지 않다	전혀 그렇지 않다
1	나는 새로운 내용을 배울 때 그것과 관련된 내용이나 상황을 머릿속으로 떠올려보며 이해한다.					
2	나는 공부하다가 잘 모르는 내용이 나오면 도서관 등에서 다른 자료들을 찾아본다.					
3	나는 무조건 외우는 공부보다는 이해하면서 하는 공부가 맞다고 생각한다.					
4	나는 공부하기 전에 어떻게 공부를 할지 미리 계획을 세워놓는다.					
5	나는 공부한 내용을 내 방식대로 정리하는 습관이 있다.					
6	나는 새로운 용어나 개념을 배울 때 이해하기 쉽도록 구체적인 예를 떠올린다.					
7	나는 교과서나 참고서로 공부할 때 지금 공부하는 내용을 이미 알고 있는 내용과 연결시켜 공부한다.					
8	나는 성적을 잘 받는 것보다 정말 그 내용을 잘 이해하는 것이 중요하다고 생각한다.					
9	나는 공부하기 전 공부할 분량을 미리 정해놓고 공부를 시작한다.					
10	나는 학교 공부가 재미있다.					
11	나는 무엇부터 공부할 것인지 우선순위를 정한 후에 공부를 시작한다.					
12	나는 어려운 문제를 푸는 것이 재미있다.					
13	나는 나에게 맞는 공부법을 잘 안다.					
14	나는 선생님과 부모님으로부터 인정을 받고 있다.					
15	학교공부는 나의 인생에서 중요한 의미가 있다.					
16	나는 공부할 때 가능하면 많은 내용을 기억하려고 노력하고 있고, 그 방법을 알고 있다.					

강점과 약점 찾기

──────────── 자기주도학습에서 잘하는 것은 장점으로서 계발하고 부족한 것은 계획을 통해 보충하여 단점을 장점으로 전환시키는 것은 매우 중요합니다. 그러기 위해 우선 아래 제시한 방법대로 현재 내가 잘하는 과목과 못하는 과목, 좋아하는 과목과 싫어하는 과목에 대해서 생각해보도록 지도해주시기 바랍

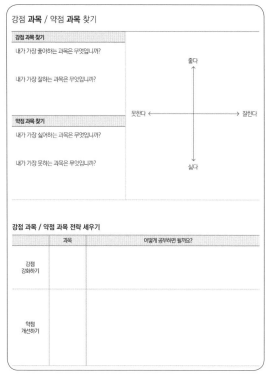

* QR코드를 스캔하시면 양식을 다운 받을 수 있습니다.

니다. 그리고 그 과목을 왜 못하고 싫어하는지 그 원인을 생각해
보는 과정이 이어질 수 있도록 해주셔야 합니다. 더불어 이 성찰
을 통해 그 과목들을 좋아하고 잘하게 하려면 어떤 노력을 해야
할지 함께 고민해주시면 좋습니다.

집중력 측정하기

──────── 집중력은 학습의 효율성뿐만 아니라 깊이
있는 공부를 위한 필수 요소입니다. 우리 아이에게 얼마나 집중
력이 있고, 그 집중력을 발휘하는 시간 동안 어느 정도의 학습
량을 소화할 수 있는지를 파악해야 올바른 학습 계획을 수립할
수 있습니다.

그럼 초등학교 저학년들의 평균 집중 시간은 얼마나 될까요?
평균 30분 정도라고 합니다. 초등학교 수업 시간이 40분인 점을
감안하면, 아이들의 집중력을 높여주는 것이 초등학교 저학년
때부터 학업성취에 긍정적인 영향을 미치리라는 걸 짐작할 수
있습니다. 집중력은 타고 나는 부분도 있지만 후천적으로 계발
할 수 있는 역량이므로 지금부터 아주 간단한 집중력 향상 방법
을 알려드리겠습니다.

우선 종이 한 장을 준비해서 여러 칸으로 나누고, 각 칸에 학
부모님께서 생각하시는 우리 아이가 집중할 수 있는 최대한의

시간보다 약간 적은 시간 동안 할 수 있는 일들을 하나씩 적어보게 합니다. 예를 들어, 집중 시간이 30분인 아이라면 25분 동안 집중할 수 있는 일들, 책 읽기, 블록 가지고 놀기, 그림 그리기 등등을 적어봅니다.

그런 다음, 가장 쉽게 성취할 수 있는 것부터 그 시간 동안 정말 집중해서 할 수 있는지를 시험해봅니다. 만약 그 활동을 주어진 시간 동안 성공했다면 폭풍 칭찬을 해주셔야 하고요. 이후 조금씩 활동의 개수를 늘려가시고, 어느 정도 훈련이 되었다면 이제 시간을 5분씩 늘려보세요.

집중력의 한계가 30분이던 것이 어느 순간 35분, 40분으로 늘어나는 경험을 해보실 수 있습니다. 그리고 그 후에 각 과목별로 집중할 수 있는 시간 동안 공부할 수 있는 양을 측정해 우리 아이의 역량에 맞게 수정된 학습을 진행해야 합니다.

우리 아이 학습역량 파악하기

———————————— 앞서 아이들 각자의 역량에 맞는 학습을 해야 한다고 강조 말씀드렸는데요, 그렇다면 왜 역량을 조금 앞서는 공부를 하면 안 되는 걸까요?

첫째, 자신의 역량을 넘어선 공부는 애초에 실천이 불가능하기 때문입니다. 아무리 노력해도 도달하지 못하는 목표라면 아이는 공부에 대한 원동력을 잃게 되고, 나아가 '나는 이 정도밖에 공부하지 못하는구나'라는 학습된 무기력에 빠집니다.

둘째, 복습이 불가합니다. 매일 정해진 공부를 잘할 수 있는 아이라면 내일의 공부에 도전해볼 의지도 있겠지만 매일 실패하는 아이는 다음 날 계획에도 영향을 받게 되어 복습은커녕 매일매일 정해진 분량을 해내는 것도 버겁게 느낍니다.

셋째, 결국 관련 과목에 대한 학습 흥미를 잃게 됩니다. 이것이 가장 큰 문제인데요, 도달할 수 없는 목표 앞에서 매번 실패하다 보면 제대로 된 학습이 되지 않습니다. 재미도 없고 당연한 결과로 성적 향상도 되지 않기 때문에 그 과목에 대한 막연한 거부감이 생겨납니다. 결과적으로 큰 학습 효과를 기대할 수 없고 자기주도학습은 꿈도 꿀 수 없습니다.

그렇다면 아이의 학습 역량은 어떻게 파악할 수 있을까요?

영단어 학습 역량을 파악하는 방법을 예로 들어 설명드리겠습니다. 학년별로 정해진 개수의 단어를 얼마의 시간 동안 완벽하게 외울 수 있는지를 파악함으로써 영단어 공부 계획을 세우는 데 활용할 수 있는데요, 구체적인 테스트 방법은 아래와 같습니다.

우선 모르는 단어를 공부합니다(학년별로 개수를 달리합니다). 그리고 외운 단어를 확인하기 위해 공부하고 나서 1시간, 1일, 3일 후 테스트를 봅니다. 만일 각 테스트에서 80%에 못 미치는 정답

률을 보인다면 추가 공부를 해야 하고, 최종 80% 이상 정답이 나올 때까지 이 테스트를 반복합니다.

그 후 공부한 총 시간을 합산하면 비로소 우리 아이의 영단어 학습 역량을 유추해볼 수 있습니다. 자세한 내용은 부록 〈고등학교 때 잘하는 진짜 영어 공부법〉편을 참고해주시기 바랍니다.

이 방식을 책 읽기와 수학 학습에도 응용해볼 수 있습니다. 책의 내용을 얼마나 잘 이해하는지 알아보기 위해 책 내용을 요약하게 하거나(쓰기 또는 말하기의 방식으로) 책 내용을 기반으로 한 질문에 대한 답을 하는 데 걸리는 시간을 고려하여 하루 동안 읽는 페이지의 수를 정할 수도 있고, 수학의 경우에는 한 문제 푸는 데 걸리는 평균 시간을 측정한 후, 하루 수학 공부 시간을 정해주시면 됩니다.

정리하자면, 아이의 학습역량은 각자의 성향, 집중력, 성취수준 등에 따라 모두 다르기 때문에 다른 아이와의 비교, 일반적인 수준이라는 객관적인 지표를 들이대지 마시고, 우리 아이의 역량에 맞게 계획을 세워주셔야 합니다. 그리고 동시에 공부는 분량이 아닌 '집중할 수 있는 시간'을 기준으로 진행되어야 하며, 집중력이 떨어지는 타이밍에는 과감하게 휴식 등의 여유 시간을 주시는 것이 좋습니다. 우리 아이의 공부는 단기전이 아닌 12년 동안 진행되는 장기전이기 때문입니다.

📑 STEP2 자기주도학습을 위한 주변 교육환경 점검하기

다음 과정으로 우리 아이 주변의 교육환경을 점검해보겠습니다.

학습 도구 점검

──────────── 우선, 문제집 이야기를 해볼까 합니다. 만일 특정 과목 성적이 낮은 학생이 공부 잘하는 친구와 푸는 문제집이 동일하고 심지어 그 문제집이 '고등학생이라면 누구나 풀어야 하는 필독서'라서 안심하고 있다면 정말 큰 문제입니다. 자신의 수준과 역량을 잘 알지 못하는 친구들이 가장 많이 하는 실수이지요. 시중에는 과목별, 난이도별, 상황별, 유형별 다양한 문제집이 판매되고 있습니다. 지금 풀고 있는 문제집의 정답률이 70%에 미치지 못한다면 좀 더 쉬운 문제집으로 바꾸어야 하며 점차 단계를 높여가는 방법을 추천합니다. 또한 아이가 어렵게 느끼는 단원의 문제를 풀지 않고 넘어가거나 잘하는 단원만 반복적으로 공부해서 인위적으로 정답을 맞추는 기쁨을 느끼고 있지는 않은지 주의하셔야 합니다. 선택적인 공부는 반드시 실패합니다. 차라리 난이도를 낮춰 어려운 단원에 대해서도 조금씩 작은 성취를 느껴가도록 조정해주셔야 합니다.

다음 표는 지금 공부하고 있는 학습 도구(문제집, 참고서, 인강, 과외, 학원 등)가 나에게 정말 효과적인지 체크해보는 체크리스트입니다. 모든 학생들에게 딱 맞는 학습서가 있는 것이 아니듯 모두에게 나쁜 학습서도 없습니다. 각자 용도에 맞게 적절히 사용할 수 있는 지혜가 필요합니다. 또 새로운 문제집이 나왔다고, 친구가 추천한다고, 매번 새 문제집을 사는 것보다 지금 가지고 있는 문제집 1권이라도 완벽하게 공부하는 습관이 필요합니다.

* QR코드를 스캔하시면 양식을 다운 받을 수 있습니다.

그 과정에서 아이는 스스로 무언가를 끝냈다는 성취감도 느낄 수 있습니다. 어떤 문제집이든 본인에게 잘 맞는 1권을 끝낼 수 있다면 중상 이상의 능력을 갖추게 되었다고 자부해도 좋습니다. 지금 내가 가지고 있는 참고서를 잘 기록해두고, 소홀히 하는 과목과 학습서가 없도록 관리하는 것도 자기주도학습에서는 매우 중요한 역량임을 명심하세요.

공부 환경 점검

──────── 우리 아이는 어디서 가장 공부가 잘 될까요? 인기리에 방송되었던 드라마 〈스카이 캐슬〉을 보면 '예서 책상'이라는 아이템까지 등장하는데요, 공부하는 환경을 온도, 습도, 조도까지 다 조정할 필요는 없습니다. 오히려 대부분의 중요 시험을 치르는 학교 '교실 환경'과 너무 다른 곳에서의 학습은 시험 적응력을 떨어뜨릴 우려도 있습니다. 고등학생이 되면 교실에서 공부하는 연습을 하는 것이 가장 좋지만 초·중등 시기에는 학교 교실 외에도 본인이 집중할 수 있는 환경을 찾아 그곳에서 효율을 내는 것을 추천합니다. 먼저 현재 우리 아이의 공부 환경을 체크해봅시다. 이 체크리스트는 '모두 그렇다'가 정답은 아닙니다. 개인에 따라서 몰입할 수 있는 환경이 약간씩 다르기 때문이지요. 하지만 환경과 집중력은 높은 상관 관계가 있으므로 만약 특정 환경에서 집중이 잘 안 된다면 학습 환경을 조금씩 바꿔

보는 것도 도움이 됩니다.

	공부 환경 점검	매우 그렇다	대체로 그렇다	보통 이다	대체로 그렇지 않다	전혀 그렇지 않다
1	집에 있는 내 책상의 책장과 서랍은 종류별로 정리가 잘 되어 있다.					
2	학교 내 책상 위에는 수업시간에 꼭 필요한 물건만 놓여 있다.					
3	학교 내 책상 서랍 속은 정리가 잘 되어 있다.					
4	학교 내 사물함을 항상 깨끗이 정리되어 있다.					
5	나는 주변이 지저분하면 집중을 잘 하지 못한다.					
6	나는 주변 정리가 잘 되어야 공부할 때 기분이 좋다.					

그리고 그 환경 중 학습과정에 가장 큰 영향을 미치는 것이 바로 우리 아이가 매일 쓰는 책상일 것입니다. 공부하고 있는 우리 아이 책상을 지금 한 번 살짝 살펴보시지요. 물론 엄마의 조언이 아이의 귀에 잔소리로 들린다면 바뀌는 점은 없습니다. 학습 효율을 위한 책상 정리, 다음 양식을 활용하여 아이가 스스로 생각해볼 기회를 만들어주시기 바랍니다.

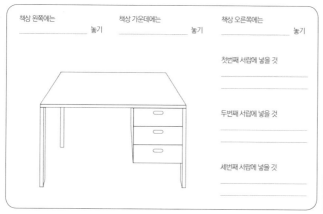

책상 왼쪽에는 _____ 놓기

책상 가운데에는 _____ 놓기

책상 오른쪽에는 _____ 놓기

첫번째 서랍에 넣을 것
_____
_____

두번째 서랍에 넣을 것
_____
_____

세번째 서랍에 넣을 것
_____

* QR코드를 스캔하시면 양식을 다운 받을 수 있습니다.

🗨 STEP3 자기주도학습 실천 플랜 4단계

1. 공부하는 이유 찾아보기

──────────────── 자기주도학습의 정의 자체가 '스스로 공부에 대한 주도권을 가지고 공부의 목표와 방향성, 방법 등을 설정하여 공부하는 것'인 만큼 그 첫걸음은 왜 공부하는지에 대한 진지한 성찰입니다. 만약 아이가 스스로 뚜렷한 직업군이나 계열에 관심을 가진다면, 예를 들어 "나는 나중에 수의사가 될거야"라고 말한다면 수의사가 되기 위해서는 얼마나 공부를 열심히 해야 하는지를 목표 대학의 정원 및 입학 결과 등을 통해

객관적으로 알려주시기 바랍니다. 절실한 만큼 아이는 나름의 최선을 다할 것입니다. 아직 꿈이 없는 아이라면 동기 목표를 만들기 위한 진로탐색 과정을 거쳐야 할 수도 있습니다. 이 부분은 4장 〈후회 없는 선택을 위한 진로 역량〉 파트에서 더 깊이 있게 다루니, 그 부분을 참고하시기 바랍니다. 뚜렷한 꿈이 없는 아이라도 현재, 흥미 있어하는 분야에서부터 시작해서 '나중의 폭넓은 선택'을 가능케 하기 위해서는 기본적인 학습역량은 갖추어야 합니다.

공부하는 이유를 진로와 학습역량 차원에서 생각해보기 전에 당장 현실적으로 우리 아이가 학교와 공부에 대해 어떻게 생각하고 있는지 파악해보시기 바랍니다. 의외로 아이에 대해 많은 것을 아실 수가 있습니다. 제가 입시 상담시 꼭 거치는 과정이기도 한데요, 아이들과 함께 이런 이야기를 나누어보면 다 나름의 생각들이 있습니다. 조금만 더 시간이 있었더라면 빛나는 미래로 이어질 수 있는 생각들이지요. 하지만 안타깝게도 대부분의 아이들이 저와의 상담에서 처음으로 이런 생각을 해봅니다. 너무도 늦은 그때 말이지요. 본격적인 '공부'가 시작되는 초등 고학년, 중등 시절에 부모님이 함께 해주신다면 우리 아이들은 정말 많은 것을 '선택'할 수가 있습니다. 이야기의 서두는 아래 질문지나 동영상 등을 활용하시면 됩니다.

70

질문지 활용

A: 내가 생각하는 학교란 (   )이다.

왜냐하면 _____

A: 내가 생각하는 공부란 (   )이다.

왜냐하면 _____

유튜브 동영상 활용

아래 동영상을 함께보고 공부는 왜 해야 하는지 이야기를 나누어봅니다.

* QR코드를 스캔하시면 전체 동영상을 보실 수 있습니다.

2. 학습계획을 세우는 방법 따라하기

학습계획은 일간, 주간, 월간, 학기간, 연간 등 기간에 따라 때로는 포괄적으로 때로는 디테일하게 작성해야 합니다. 시중에 판매되는 다이어리를 사용해도 좋고, 제공해드리는 양식을 사용해 작성해도 좋습니다. 명심할 것은 계획의 세부 내용이나 구체적인 정도가 단계별로, 그리고 아이의 성향에 따라서 다르게 작성되어야 한다는 점입니다.

① 시간 단위로 디테일하게 작성합니다(해야 할 일, 공부할 과목, 단원, 방법 등). 집중할 수 있는 짧은 단위로 작성하여 공부 외의 변수(쉬는 시간, 화장실 등)를 최소화하고, 휴식은 휴식시간에 하도록 합니다. 이때는 앞서 파악된 아이의 능력 100%에 맞게 목표를 설정하고 매번 달성하는 데 목표를 둡니다.

② ①단계가 익숙해지면 아이가 융통성을 발휘할 수 있도록 조금은 느슨하게 계획을 작성해도 좋습니다. 단, 목표치는 역량의 80%를 기준으로 하고, 그 80%를 100% 달성하는 것을 목표로 합니다. 이 과정을 통해 아이는 주어진 시간을 본인의 성향에 맞게 활용하는 것을 배울 겁니다.

③ 일주일 단위로 해야 할 공부를 계획하고 이를 매일의 단위로 나누어 작성해보도록 합니다. ①과 ② 중 어떻게 계획을 세웠을 때 좀 더 효율적인 공부를 했었는지를 검토해봅니다. 아이에

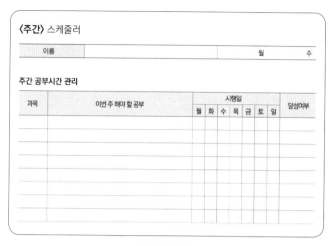

주간 스케줄러

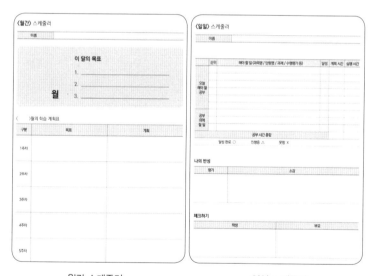

월간 스케줄러   일일 스케줄러

* QR코드를 스캔하시면 양식을 다운 받을 수 있습니다.

따라서 정해진 시간 정해진 분량의 공부를 정확히 하는 데에서 자극과 동기부여를 받기도 하고, 반대로 느슨하게 주어진 시간을 효율적으로 구성하는 방법을 터득한 아이는 ②의 방법이 조금 더 효율적으로 느껴질 겁니다.

계획은 구체적이고 명확하게, 수치화하여 기록합니다. 실현 가능하고 달성 시기가 분명히 드러나면서 구체적인 공부 방법들도 기재되어 있어 한 눈에 계획을 살펴볼 수 있어야 합니다. 예를 들어, 영어 단어를 외우는 것이 목표라면 "○○단어장에 있는 단어를 매일 30분씩 15개 외우고, 주중에 사정이 생겨 하지 못한 부분은 주말을 활용해서 7월 1일부터 8월 31일까지 총 600개의 단어를 외운다"로 구체화합니다. 처음에는 어렵게 느껴질 수 있지만 '영어 단어를 외운다' → '주중에 매일 30분씩 영어 단어 15개를 외운다' → '주중 매일 30분씩 영어 단어 15개를 외워서 2달 후에는 ○○단어장에 있는 단어를 모두 외운다'처럼 여러 단계를 거쳐 연습하다 보면 어느새 계획 세우기의 달인이 되어 있을 것입니다.

3. 우선순위에 맞게 행동하는 방법 따라하기

──────────────── 앞선 사례에서 보았듯이 고등학생 선호를 가장 힘들게 했던 것은 우선순위 없

이 눈앞의 일들을 닥치는 대로 해결해야 하는 상황이었습니다. 그러다 보니 완성도도 떨어지고 빠뜨리는 것도 많았었죠. 이러한 상황(수행평가 시대 고교생은 결코 피할 수 없는 현실)에 대처하려면 어릴 때부터 일이나 공부의 우선순위를 생각하는 연습이 필요한데요, 중요도와 긴급도의 높고 낮음을 4개의 공간으로 나눠서 아래의 예시와 같이 일주일의 일과를 정리하는 연습을 시켜주시면 좋습니다. 지금 당장 해야 할 중요도 높고, 긴급도 높은 일부터 목록을 작성하여 미리미리 준비한다면 학교 과제, 수행평가, 학원 숙제, 스스로 공부 등이 누락되거나 시간에 쫓겨 급하게 하는 일을 막을 수 있습니다. 그리고 해야 할 일이 너무 한 부분에 쏠

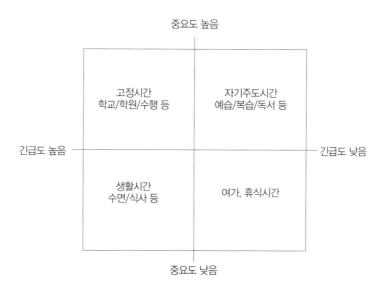

린 일주일을 보내고 있다면, 조금 여유 시간을 가지고 긴 호흡으로 설계할 수 있도록 지도해주셔야 합니다.

이 정리법을 활용하여 아이에게 이번 주에 내가 했던 일을 중요도와 긴급도의 기준으로 작성해보게 하세요.

나의 시간관리	
〈A영역〉 급하고 중요한 일	〈B영역〉 급하지는 않지만 중요한 일
〈C영역〉 중요하진 않지만 급한 일	〈D영역〉 중요하지도 급하지도 않은 일

* QR코드를 스캔하시면 양식을 다운 받을 수 있습니다.

4. 노트 정리하는 방법 따라하기

──────────────── 자기주도학습을 하는 데 있어 노트 정리가 필수는 아니지만, 노트 정리 습관으로 인해 얻는 장점은 많습니다. 그동안 공부했던 내용들을 요약하고 구조화할 수 있어 암기와 지식 활용에 큰 효과가 있는데요, 학생들을 지도

하다 보면 노트 정리의 기본 원칙들을 모르는 경우가 매우 많았습니다. '자신의 스타일 대로 정리'하는 것도, 개인 경쟁력이라고 봤을 때 어릴 때 한 번쯤은 꼭 배워둬야 할 공부 방법이라고 할 수 있겠습니다. 아래 소개하는 노트 정리 방법은 '코넬식 노트법'입니다. 복잡하고 어렵지 않으니 암기과목부터 한 개념씩 정리하는 연습을 해봅니다.

학습공책 준비

위에서 3칸을 아래에 가로로 길게 줄을 그어줍니다. 그 아래에 왼쪽에서 3~4cm되는 곳에 아래로 수직선도 긋습니다. 그리고 노트 전체의 아랫부분에 3, 4줄 정도의 여유를 가지고 또 가로로 길게 줄을 그어주어 총 4개의 구역으로 나눕니다.

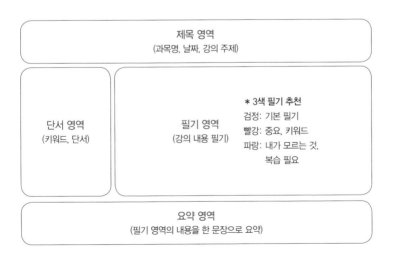

학습내용 정리

① '제목 영역'에 과목명, 날짜, 단원, 학습목표를 적습니다.

② 선생님께서 칠판에 적거나 설명해주는 부분, 또는 스스로 정리한 내용을 '필기 영역'에 적습니다.

③ 중요하게 다뤄진 단어는 '단서 영역'에 기록합니다.

④ '요약 영역'에는 필기 영역의 내용을 한 문장으로 요약하거나 자신의 생각을 반영하여 가장 중요한 문장이나 공부하고 난 느낌, 생각 등을 적습니다.

⑤ '단서 영역'과 '요약 영역'을 중심으로 복습합니다.

지금까지 자기주도학습 역량을 키워주기 위한 단계별 코칭 방법을 여러 가지 말씀드려보았는데요, 한 번도 자기주도학습을 해보지 않은 아이가 이것들을 스스로 하기는 매우 어렵습니다. 초기에는 학부모님이 이끄는 부모주도학습을 하다가 초등 3,4학년부터 조금씩 아이에게 선택권과 주도권을 넘겨주는 방식을 추천합니다. 그 이후에는 부모님은 코치로서 아이가 스스로 잘 하고 있는지 체크해주고, 또 러닝메이트로서 지치지 않도록 격려해주시는 것으로 역할을 옮겨가시면 됩니다.

자기주도학습 코칭 원칙

1. 학습에 흥미를 가지고 도전할 수 있도록 분위기를 조성하고 동기를 유발한다.

2. 학습 결과에 대한 긍정적인 피드백, 나아가 아이가 스스로 자기평가를 할 수 있도록 적절한 조언을 한다.

3. 필요한 학습 자료를 충분히 제공, 아이의 정보 활용 능력을 향상시키기 위한 지원을 한다.

4. 아이 수준에 맞는 학습 내용을 제공하여 성취감 고취, 그 결과로서 학문적 자아개념과 자기 효능감을 높일 수 있도록 한다.

5. 대화를 통해 학습을 방해하는 요인을 파악하고 수정한다.

책 읽은 후 부모 숙제

1. 우리 아이 자기주도학습 역량을 키우기 위한 실천 자료(강점 과목/약점 과목 찾기, 나에게 맞는 학습 도구 찾기, 책상 정리하기, 우선순위 시간관리, 일간/주간/월간 스케줄러 3종 세트) 다운로드 받기

2. 자기주도학습 역량 검사를 아이와 함께 해보고 '매우 그렇다'로 체크하지 못한 항목에 대해서 어떻게 하면 앞으로 그 항목들에 '매우 그렇다'라고 대답할 수 있을지 대화 나눠보기

3. 내 아이의 강점 과목과 약점 과목 분류를 함께 해보고, 어떻게 하면 강점 과목을 더 강화할 수 있는지, 약점 과목들을 보강할 수 있을지 생각해보기

4. 우리 아이의 집중력을 테스트해보고, 훈련을 통해 집중력의 한계 시간 늘려주기

5. 우리 아이 학습역량을 파악하기 위한 영어 영역, 독서 영

역, 수학 영역의 방법 사용해보기

6. 우리 아이의 학습 도구(학원 및 문제집 등)와 공부 환경 함께 점검해보기

7. 공부하는 이유를 소개한 유튜브 영상을 아이와 함께 보고 대화 나눠보기

8. 학습 계획 세우는 방법, 우선순위에 맞게 행동하는 방법에 대한 내용을 아이와 함께 보고 아이가 세운 계획에 대해 긍정적인 피드백과 조언해주기

9. '노트 정리하는 방법'을 아이와 함께 보고 아이가 할 수 있는 분량부터 조금씩 정리해보기

10. 이 모든 과정에서 아이의 생각을 우선적으로 들어보고, 학습 주도권을 점차 아이에게 넘겨주면서 코치, 러닝메이트의 역할 원칙 지키기

3장

수행평가시대 핵심 역량, 표현 및 의사소통 능력

흔히 '시험'이라고 하면 가장 먼저 떠오르는 것이 중간고사, 기말고사, 수능과 같은 '지필고사', '일제고사'입니다. 이 시험들은 문항별 배점이 딱 정해져 있는 '정량평가'라는 특성을 가지고 있죠. 그리고 이 세 가지 키워드, 지필과 일제 그리고 정량은 어른들에게 무척이나 익숙한 개념입니다. 그래서 아이들 공부시킬 때도 이런 시험 형식에 맞는 학습 방법 위주로 선택을 하게 되죠. 그러나 지금은 시대가 바뀌었습니다. 기존의 평가 방식에 더하여 수행평가, 학생부종합전형 등 과정평가, 정성평가의 중요성이 커졌습니다. 지필고사는 결과중심평가로서 정답을 잘 맞출 수 있는 '지식'적인 측면이 중요했다면, 수행평가는 과정중심평가로서 지식에 더해 그것을 잘 표현(발표, 쓰기, UCC 만들기, PPT 만들기, 보고서 작성 등)하고 의사소통(조별활동, 토론, 토의 등)할 수 있는 '기능'적인 역량이 추가로 요구됩니다. 특히 이 '표현 및 의사소통 역량'은 수행평가뿐만 아니라 대입 면접에서 당락을 좌우하는 매우 중요한 기능입니다.

12년 공든 탑을 무너트린 면접, 그리고 수행평가

동민이가 시험보다 두려워했던 것

──────────────────── 동민이 방 책상 앞에는 이번 주 진행되는 수행평가 일정이 빼곡히 적혀 있습니다. 전과목 성적이 전교권인 동민이는 공부하고 시험 보는 것은 할 만한데 수행평가가 정말 싫습니다. 아니, 정확히 말하면 혼자 준비하는 수행평가는 그럭저럭이지만 조별 수행평가에 발표까지 들어갔을 때에는 요즘 애들 말로 '극혐'입니다. 무엇보다 발표자 역할만은 정말 피하고 싶은 게 솔직한 심정인데요, 동민이가 이렇게 발표를 싫어하게 된 데에는 이유가 있습니다. 태생적으로 내성적인 동민이는 초등학교 1학년 때 교실 앞에 나가 발표를 하던 중 별것 아닌 일로 놀리는 반 친구의 말에 순간 당황해서 바

지에 실수를 한 경험이 있습니다. 선생님과 동민 어머니의 노력으로 이 일화는 큰 소문 없이 묻혔지만 동민이에게는 트라우마로 남았고, 오픈되어 있는 도서관보다는 독서실이, 친구와 함께 공부하는 것보다는 혼자 공부하는 것이 편하고, 학원도 가능하면 아는 사람이 없는 곳을 선호하는 등 남 앞에 나서는 것을 꺼리는 아이로 성장하게 되었죠. 동민이 부모님도 처음에는 그런 아들의 성향이 장차 걸림돌이 될까봐 바꿔보려고 했지만 그것이 더 스트레스가 되는 것 같아 지금은 포기한 상황입니다.

고 3이 된 동민이는 우여곡절 끝에 본인이 정말 가고 싶어했던 H의대 학생부종합전형 1차전형에 지원해 합격통보를 받았습니다. 하지만 2차는 면접. 남 앞에서 발표하는 것을 극도로 두려워하는 동민이지만 그래도 합격을 위해서 피할 수 없는 과정이란 것은 잘 알고 있습니다. 2, 3명 정도 앞이라면 반에서 30명이 넘는 사람을 바라보며 하는 발표보다는 훨씬 잘할 수 있을 거라고 긍정적으로 생각하기로 했지요. 그러나 스스로를 너무 믿었던 걸까요. 면접 며칠 전부터 극도의 긴장감으로 잠도 잘 못 자고 밥도 못 먹는 등 면접 준비에 집중을 할 수가 없었습니다. 그럼에도 동민이는 특유의 꼼꼼한 완벽주의로 H의대뿐만 아니라 여러 의대 면접 기출 및 자신의 학생부와 자소서 등 면접에 나올 만한 내용을 꼼꼼히 확인했고 답변할 내용을 A4 10페이지 분량으로 정리해놓기까지 합니다. 그야말로 실전을 제외한 모든 준비는 완벽했습니다.

공든 탑도 무너진다

──────────── 드디어 면접 당일 날. 동민이는 전날 뜬눈으로 밤을 새고 한숨도 자지 못한 상태로 면접장으로 출발했습니다. 며칠째 제대로 된 식사를 하지 못해서 컨디션은 최악에 가까웠지만 이 면접이 끝나면 12년의 노력이 결실을 맺는다고 생각하니 조금은 홀가분한 마음이 들기도 했지요. 수험표를 붙이고 대기실에 앉아 앞 번호의 친구들이 하나 둘 면접장으로 불려 들어가는 것을 보면서 동민이는 온 몸에 남아 있는 에너지를 짜내서 최대한 집중하려고 안간힘을 썼습니다. 드디어 동민이의 차례. 들어가기 전 면접 제시문을 받는 순간 동민이는 눈앞이 까매졌습니다. 2장이나 빽빽하게 기재되어 있는 제시문이 하나도 들어오지 않았습니다.

보통 면접장에서의 올바른 자세라 함은 제시문을 받고 어떤 질문이 나올지 예상한 후 준비된 답변을 일목요연하게 전달해야 하지만 그날 동민이는 머릿속이 새하얀 상태에서 교수님의 기본적인 확인 질문에도 기어들어가는 목소리로 겨우 대답했을 뿐입니다. 편안한 분위기를 만들어주려 애쓰는 교수님들 덕에 다행히 긴장이 풀리는 듯도 했지만 준비한 내용의 반의 반도 제대로 이야기하지 못한 채 면접은 끝나가고 있었습니다. 드디어 마지막 순간, 한 교수님이 이런 질문을 합니다.

"환자를 가까이서 대하고 의사소통이 중요한 의사라는 직업을 잘할 수 있을 것 같나요? 본인의 성격이나 성향이 의사라는 직업에 잘 맞는다고 생각하는지 얘기해보세요."

전혀 예상치 못한 질문이었습니다. 마치 동민이의 약점을 꿰뚫어본 것 같았죠. 결국 중언부언 얼버무리고 면접장을 나선 동민이는 직감했습니다. '아, 나는 오늘 이 면접에서 떨어지겠구나.'

무엇보다 꾸준한 준비가 필요한 역량

──────────────────────── 그동안 남들 앞에서 말하는 상황을 피해오긴 했지만 열심히 준비한 만큼 H의대 면접은 어느 정도 잘 치러낼 수 있을 것이라고 동민이는 생각했습니다. 하지만 변수가 발생할 수 있다는 예상을 못 했고, 면접은 우등생으로서 단순히 글을 잘 쓰고 문제를 잘 푸는 역량을 가지고 있다고 해서 잘할 수 있는 것이 절대 아니라는 것도 알지 못했습니다. 설령 전달하려는 내용이 우수하더라도 그 말을 전달하는 사람의 태도, 눈빛, 표정, 목소리, 성량, 자신감, 겸손함 등 비언어적인 요소가 더 중요하다는 것도 말이죠.

비언어적인 부분은 꾸준한 연습을 통해서만 준비할 수 있습니다. 동민이는 초중고 과정 내내 이러한 역량을 배울 기회를 본인이 회피했고, 그 결과 합격의 문 앞에서 좌절하고 맙니다. 입시란 성적도 중요하지만 대면 면접을 통해 최종 결정되는 것인데 동민이나 부모님 모두 면접이라는 것 자체를 너무 몰랐고 또 안일하게 대처했던 것이지요. 특히 동민이 부모님은 동민이가 싫어했던 의사소통 능력과 관련된 활동들을 아이 성격의 한계로만 인식하고, 이를 극복해는 과정을 통해 자신감을 키워줄 생각은 하지 못했던 것을 뼈저리게 후회했습니다.

동민이의 실패 사례 분석

- 태생적으로 내성적인 성격의 동민이는 어릴 때의 사건으로 인해 남들 앞에 나서서 발표하는 것을 극도로 두려워하는 성격으로 성장 → 실패잠복기 시작
- 초중고 시절 내내 수행평가 등 발표를 해야 하는 상황을 모두 회피했고, 동민이 부모도 그런 아들의 부족한 부분을 채워줘야 한다는 생각을 하면서도 방치함 → 극복 시기를 놓침
- 수많은 시뮬레이션과 완벽한 준비에도 불구하고 면접을 망치고 최종 불합격 → **표현 및 의사소통 역량의 부재**

대입개편안 등 입시제도 변화에 따라 고교 내신의 중요성은 갈수록 커져가고 있습니다. 그리고 고교 내신 중 수행평가의 반영비율 및 실질반영율도 커져가고 있죠. 초중등 과정과는 다르게 고등 내신은 절대평가가 아닌 상대평가(석차등급) 방식을 적용하고 있기 때문에 좋은 내신등급을 받는 것이 정말 어렵습니다. 내가 나름 잘한다고 해도, 더 잘하는 친구들이 있으면 원하는 내신을 받을 수 없는 것이죠. 따라서 사소한 점수 차이가 내신 등급을 크게 가를 수 있습니다. 이런 상황에서 수행평가에 대한 대비는 정말 중요합니다. 고등학생이 되어 잘하기 위해서는 초중등 때 수행평가 대비 역량, 즉 표현 및 의사소통 역량을 집중적으로 계발해놓아야 합니다. 고등부는 연습하는 시기가 아니라 실전이기 때문입니다.

고등학교 수행평가 반영 예시

교과 영역	지필평가		수행평가	합계(100)	수행평가 영역		석차산출
	1차	2차					
	서술형과 논술형		반영비율	계	영역명	반영비율	
문학 (일반선택 – 기초)	60		40	100	프로젝트 활동	주제별 탐구 나눔	10	○
						탐구진행 및 보고서	10	
	30	30				모둠대화 글쓰기	10	
	7.5	7.5	20	35	포트폴리오	10	
수학I (일반선택 – 기초)	60		40	100	문제해결능력(논술형)	20	○
	30	30			수학탐구보고서	10	
	9	9	20	38	포트폴리오	10	
확률가 통계 (일반선택 –기초)	60		40	100	수학적 탐구능력 (서술형 논술형)	20	○
	30	30			문제해결력	10	
	7.5	7.5	20	35	포트폴리오	10	
영어 I (일반선택 – 기초)	60		40	100	자기 의견 쓰기(논술형)	10	○
					서평 쓰기(논술형)	10	
	30	30			긴 담화 듣기	10	
	7.5	7.5	20	35	포트폴리오	10	
경제 (일반선택 – 탐구)	60		40	100	경제현상 분석(논술형)	15	○
	30	30			PBL모둠탐구활동(보고서)	15	
	10.2	10.2	15	35.4	과제해결 포트폴리오	10	
정치와법 (일반선택 – 탐구)	60		40	100	기본권의 성격과 제한 분석 (논술형)	15	○
	30	30			주제 탐구 발표	15	
	10.2	10.2	15	35.4	포트폴리오	10	

중학교 수학 수행평가 반영 예시

과목	학년	1학기											2학기										
		중간고사					기말고사					수행평가	중간고사					기말고사					수행평가
		선다	단답	서술	계	비율(%)	선다	단답	서술	계	비율(%)		선다	단답	서술	계	비율(%)	선다	단답	서술	계	비율(%)	
수학	1	·	·	·	·	·	80	·	20	100	40	60	·	·	·	·	·	·	·	·	·	·	100
	2	·	·	·	·	·	100				40	60	·	·	·	·	·	100				40	60
	3	70	·	30	100	30	·		30	100	30	40	70	·	30	100	30	70	·	30	100	30	40

영역	항목		배점	반영 비율	방법 및 기준
정기 고사	중간	선다형	70	30%	선다형 평가
		서술형	30		서술형 채점기준에 근거하여 평가
	기말	선다형	70	30%	선다형 평가
		서술형	30		서술형 채점기준에 근거하여 평가
수행 평가	포트폴리오		20	20%	수학적 의사소통, 협동학습, 포트폴리오 작성 결과를 종합하여 평가
	프로젝트	산출물	5	5%	통계 프로젝트 보고서 작성, 동료평가 결과를 종합하여 평가
		수학적 도구	5	5%	공학적 도구(geogebra) 활용 능력과 산출물을 종합하여 평가
	수학 독서		10	10%	수학과 관련된 교양 수학 도서 목록을 학생들에게 안내하고 독서 감상문 형식으로 작성한 내용을 평가함

수행평가의 형식 및 반영 정도는 지역별, 학교별로 차이가 있으나 갈수록 그 변별력이 커지고 있습니다. 또한 대입의 핵심 자료인 고등학교 학교생활기록부에도 '세부능력 및 특기사항' 창

목이 있습니다. 대입개편안에 따라 정규교육 과정 외의 비교과가 폐지되면서 '세부능력 및 특기사항' 이른바 '세특'은 수시의 가장 비중 높은 전형인 학생부종합전형에서 더욱 더 중요성이 높아지고 있으며, 수행평가 활동이 여기에 기재될 수 있기 때문에 내신과 입시에 모두 중요한 핵심 요소가 되었습니다.

수행평가
제대로 알기

📑 수행평가란?

수행평가는 학생이 가지고 있는 지식, 기능, 태도 등의 능력을 직접 '수행'으로 나타내 보이는 방식의 시험입니다. 즉, 지식 및 기능 습득 여부를 학생이 만든 산출물이나 실제 수행을 통해 평가하는 것으로, 교수·학습의 결과뿐만 아니라 과정을 중시하는 평가지요. 기존의 지식 암기 중심의 평가를 개선하고자 하는 취지로 시행된 시험 방식으로 교육정책의 방향성을 담은 상징적 의미도 있어 앞으로 더욱 확대되고 중요도가 높아질 것으로 예상됩니다.

수행평가의 종류

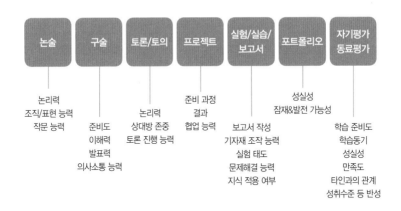

논술
- 논리력
- 조직/표현 능력
- 작문 능력

구술
- 준비도
- 이해력
- 발표력
- 의사소통 능력

토론/토의
- 논리력
- 상대방 존중
- 토론 진행 능력

프로젝트
- 준비 과정
- 결과
- 협업 능력

실험/실습/보고서
- 보고서 작성
- 기자재 조작 능력
- 실험 태도
- 문제해결 능력
- 지식 적용 여부

포트폴리오
- 성실성
- 잠재&발전 가능성

자기평가 동료평가
- 학습 준비도
- 학습동기
- 성실성
- 만족도
- 타인과의 관계
- 성취수준 등 반성

수행평가의 형식

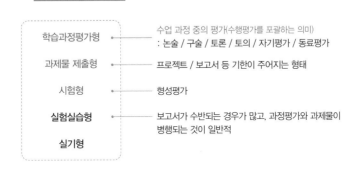

학습과정평가형
수업 과정 중의 평가(수행평가를 포괄하는 의미)
: 논술 / 구술 / 토론 / 토의 / 자기평가 / 동료평가

과제물 제출형
프로젝트 / 보고서 등 기한이 주어지는 형태

시험형
형성평가

실험실습형

실기형
보고서가 수반되는 경우가 많고, 과정평가와 과제물이 병행되는 것이 일반적

엄마 숙제라고 원성이 컸던 '과제물 제출형'은 크게 줄고, 수

업 시간 중에 평가하는 '학습과정평가형' 비중이 크게 늘었습니다. 그러나 과제가 줄었다고 좋아할 일만은 아닙니다. 도와주고 싶어도 도움을 줄 수 없을 뿐만 아니라 점수를 언제 어떻게 깎여 오는지 파악도 안 되기 십상이기 때문입니다. 이제는 아이 스스로 평상시에 대비할 수 있는 역량을 갖추고 있지 않으면 좋은 수행평가 점수를 받기 어렵습니다. 특히 입시에 결정적인 영향을 미치는 고교 수행평가를 위해서는 초중등 때 집중적으로 준비를 해둬야 합니다.

📑 교과목 평가계획표 읽기

수행평가는 목적 자체가 상대평가를 통한 줄 세우기가 아닌, 수업과 연계된 과정평가를 통해 능동적인 학습 결과물을 평가하는 것입니다. 평가자의 주관이나 통제되지 않은 상황에서의 공정성, 신뢰성 확보도 상당히 중요하기 때문에 분기별로 미리 계획되어 전과목의 평가계획과 함께 학기 초(4월, 9월)에 공시되어야 하며, 학생 및 학부모에게 학교 홈페이지, 가정통신문 등을 활용하여 적극 안내할 의무가 있습니다. 이는 시도교육청이 주관하는 성적관리규정에 분명하게 명시되어 있으며 학생과 학부모가 수행평가와 관련된 성취기준, 수행평가의 목적과 방법, 수행평가 과제, 채점기준에 대해서 파악할 수 있도록 충분한 정보가 제공됩니다.

중학교 평가계획표 예시

연간 평가계획

학년	학기	평가영역	고사/영역명	반영비율(합계100%)	만점	평가기간
1	1학기	수행평가	영어 듣기 평가	·	·	6.5
			영어 말하기 평가	·	·	3~7월
			영어 프로젝트 I	·	·	
			영어 프로젝트 II	·	·	
			의사소통표현활동(말하기·쓰기 과정평가)	·	·	
	2학기	수행평가	영어 듣기 평가	·	·	10.8
			영어 말하기 평가	·	·	8~12월
			영어 프로젝트 I(언어·과학·예술 융합 과업)	·	·	
			영어 프로젝트 II(언어·예술 융합 과업)	·	·	
			의사소통표현활동(말하기·쓰기 과정평가)	·	·	

			선택형	22.75	65	4.23
2	1학기	지필평가	중간고사			~4.24
			서술형	12.25	35	
			선택형	25	100	7.1~7.3
			기말고사			
			서술형	0	0	
		수행평가	영어 듣기 평가	20	20	6.5
			영어 말하기 평가	10	10	5월~6월
			의사소통표현활동 (말하기·쓰기 과정평가)	10	10	학기 중 (수시)
	2학기	지필평가	중간고사	선택형	22.75	65	9.24
				서술형	12.25	35	~9.25
			기말고사	선택형	25	100	12.9
				서술형	0	0	~12.11
		수행평가	영어 듣기 평가	20	20	10.8
			영어 말하기 평가	10	10	10 ~11월
			의사소통 표현 활동 (말하기·쓰기 과정평가)	10	10	학기중(수시)

수행평가 내용, 영역별 평가기준 및 배점

학기	학년 항목	내용(배점)	방법
1학기	1학년	영어 듣기	듣기 과제 수행
		친구 소개하기	특정 주제에 대한 개인 발표
		본인이 만든 동물 묘사하기	영어 프로젝트 I
		과거형을 사용한 포토북 만들기	영어 프로젝트 II
		의사소통 표현 활동(말하기·쓰기 과정평가)	포트폴리오 및 관찰 평가

98

		영어 듣기(20)	듣기 과제 수행
1학기	2학년	My Special Experience 발표하기 (10)	특정 주제에 대한 개인 발표
		의사소통 표현 활동 (말하기·쓰기 과정평가)(10)	포트폴리오 및 관찰평가
	3학년	영어 듣기(20)	듣기 과제 수행
		자신에게 특별한 사람, 영웅 혹은 롤모델 발표하기(10)	특정 주제에 대한 개인 발표
		의사소통표현활동 (말하기·쓰기 과정평가)(10)	포트폴리오 및 관찰 평가
2학기	1학년	영어듣기	듣기 과제 수행
		전래동화를 각색한 UCC 발표	특정 주제에 대한 모둠 발표
		환경보호 포스터 만들기	영어 프로젝트 I (언어·과학·예술 융합 과업)
		Picture dictionary 만들기	영어 프로젝트 II (언어·예술 융합 과업)
		의사소통 표현 활동 (말하기·쓰기 과정평가)	포트폴리오 및 관찰평가

수행평가 지침 및 방법(단원 성취기준)

평가영역	평가기준 및 방법	배점
듣기	듣기평가 20문항(1문항 당 1점씩 선택형 20문항으로 평가한다.)	20점

특정 주제에 대한 개인 발표

학년	1학기	2학기
2	My Specoal Experience 발표하기	한국 문화 홍보
3	특별한 사람, 영웅 혹은 롤모델 발표	미래 직업에 대해 발표

	평가기준	배점
원고 및 준비도(3점)	말하기 평가 전 조건에 적합하고 주제와 관련된 충실한 내용으로 준비가 잘 갖추어진 경우	3
	말하기 평가 전 주제와 관련된 내용의 충실도가 다소 미흡한 상태로 보완이 필요한 경우	2
	말하기 평가 전 주제와 관련되 내용의 충실도가 매우 미흡하여 준비가 매우 부족한 경우	1
	말하기 평가를 위한 사전 준비가 전혀 갖추어지지 않은 경우 혹은 불참(장기결석 등)	0

	평가기준	배점
유창성 (3점)	전반적인 내용 전달과 발음이 유창하며 발표력과 전달력이 뛰어난 경우	3
	주제 전달은 무난하나 발음에 간혹 실수가 있고 중간 중간 pause가 잦은 경우	2
	발음이 불분명하고 오류가 많아 내용 전달에 어려움이 많고 원고의 대부분을 더듬거린 경우	1
	평가에 응하지 않은 경우 혹은 불참(장기결석 등)	0

(말하기 영역: 10점)

위에서 볼 수 있듯이 성취기준과 평가기준이 명확하게 게시됩니다. 따라서 관련 단원에서 꼭 배워야 할 내용, 평가받아야 할 내용이 무엇인지 알고 미리 준비하면 과정평가라 하더라도 충분히 대비할 수 있습니다.

🗐 성취기준 개념 알기

성취기준이란, 각 교과에서 학생들이 성취해야 할 지식, 기능, 태도 등의 특성을 진술한 것으로 이는 교수, 학습 및 평가의 실질적인 근거가 됩니다. 즉, 수행평가 출제의 핵심 기준입니다.

성취기준 예시

초등학교 수학 4. 규칙성

(1) 규칙 찾기

	교육과정 성취기준
[2수04-01]	물체, 무늬, 수 등의 배열에서 규칙을 찾아 여러 가지 방법으로 나타낼 수 있다.
[2수04-02]	자신이 정한 규칙에 따라 물체, 무늬, 수 등을 배열할 수 있다.
[4수04-01]	다양한 변화 규칙을 찾아 설명하고, 그 규칙을 수나 식으로 나타낼 수 있다.
[4수04-02]	규칙적인 계산식의 배열에서 계산 결과의 규칙을 찾고, 계산 결과를 추측할 수 있다.

규칙과 대응

교육과정 성취기준
[6수04–01] 한 양이 변할 때 다른 양이 그에 종속하여 대응 관계를 나타낸 표에서 규칙을 찾아 설명하고, □, △ 등을 사용하여 식으로 나타낼 수 있다.

비와 비율

교육과정 성취기준
[6수04–02] 두 양의 크기를 비교하는 상황을 통해 비의 개념을 이해하고, 그 관계를 바로 나타낼 수 있다.
[6수04–03] 비율을 이해하고, 비율을 분수, 소수, 백분율로 나타낼 수 있다.

비례식과 비례배분

교육과정 성취기준
[6수04–04] 비례식을 알고, 그 성질을 이해하며, 이를 활용하여 간단한 비례식을 풀 수 있다.
[6수04–05] 비례배분을 알고, 주어진 양을 비례배분 할 수 있다.

성취기준 읽는 법

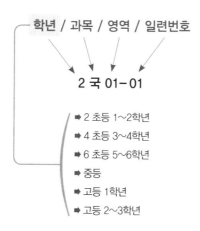

학년 / 과목 / 영역 / 일련번호

2 국 01-01

➡ 2 초등 1~2학년
➡ 4 초등 3~4학년
➡ 6 초등 5~6학년
➡ 중등
➡ 고등 1학년
➡ 고등 2~3학년

* QR코드를 스캔하시면 초중고 주요 과목 성취기준을 다운 받

을 수 있습니다.

표현 및 의사소통 역량 키우기 3단계 전략

교육과정에서는 물론, 대학생과 성인이 되어서도 표현 및 의사소통 역량은 정말 중요합니다. 단순히 문제를 풀어 답을 맞히는 능력만으로는 지금 시대에 경쟁력을 갖춘 인재로 성장할 수 없기 때문입니다. 가깝게는 수행평가와 입시면접에서도 이 역량은 매우 중요한 평가요소인데요, 이어서 제시하는 3단계 전략을 통해 수행평가와 면접 만점을 대비할 수 있는 '기능적' 역량 증진 방법을 소개합니다. 기존 지필 위주의 학습에 더해서 교과 배경지식을 쌓으면서 수행평가와 면접 컨텐츠를 더 확대할 수 있고, 또한 이를 대하는 태도와 자세를 돌아볼 수 있습니다. 독서감상문 및 보고서 작성법 자료 검색법, 통계자료, 트랜드자료, PPT템플릿 등 기술적으로 필요한 기능을 익힐 수 있는 유용한 정보들도 함께 준비했습니다.

e학습터

─── 2015 개정교육과정의 국어, 사회, 수학, 과학, 영어 교과에 대하여 다양한 학습자료와 평가문항을 제공하는 온라인 학습 사이트. 초등학교 3학년부터 중등과정까지 교과연계 동영상, 무료 문제은행, 중학 서술수행평가 비법 동영상을 볼 수 있습니다. 특히 교과연계 동영상은 5분 정도의 짧은 영상으로 되어 있으니 예습이나 복습 용도로 활용하면 좋습니다. https://cls.edunet.net

EBS 클립뱅크

──────── EBS가 운영하는 교육 관련 디지털 콘텐츠 유튜브 서비스로, 교사, 학생, 일반인이 무료로 활용할 수 있는 5분 이내의 영상 클립을 제공합니다. 이 채널에서는 교과 내용에서 확장된 배경지식들을 검색을 통해 쉽게 찾아볼 수 있습니다. 가정에서는 특정 주제에 대해서 수록된 영상과 글을 수업보다 미리 찾아보면서 학교에서 시행 될 '수업 과정 중 수행평가'에 미리 대비할 수 있습니다. 최근 웹사이트에서 유튜브 채널로 전환되었으며 앞으로도 유익한 영상들은 지속적으로 업데이트할 예정이라고 합니다. https://www.youtube.com/c/EBSClipbank

천재학습백과

──────── 초중고 교과 기반의 학습백과사전. 교과서를 만드는 기업이 만든 이 사이트에서는 문학작품 해설, 교과 개념 핵심정리, 교과서 실험 영상들을 무료로 이용할 수 있습니다. 메인 검색창에 궁금한 개념이나 단어를 입력하면 학년별, 과목별 연관 자료가 검색됩니다. 교과 배경지식을 쌓는 데 적극 활용하시길 추천드립니다. https://koc.chunjae.co.kr

EBS Math

──────── EBS에서 운영하는 초등 3학년부터 고등까지의 내용이 수록된 수학학습 지원 사이트. 영상, 웹툰, 게임, 테마별 수학 시리즈 등을 통해서 개념학습을 할 수 있고, 특히 중등은 〈문제카드〉를 통해서 난이도에 따른 수학 문제를 직접 풀어볼 수도 있습

니다. 또 〈중학 추천 학습카드〉와 〈중학 수학 카페〉에서는 수학 수행평가에 대비할 수 있는 배경지식 학습은 물론 통계 포스터 만들기 등 참고할 수 있는 예시 자료들도 있으니 사이트 곳곳을 자세히 살펴보길 추천합니다. http://www.ebsmath.co.kr

EBS English

—————— EBS에서 운영하는 무료 영어 공부 사이트로, 콘 텐츠 활용 전 레벨테스트를 통해 현재 우리 아이의 영어 수준을 파악할 수 있습니다. 이렇게 파악한 수준을 바탕으로 방송 프로

그램과 온라인 강좌 등의 콘텐츠를 활용하시면 되는데요, 회원 가입만 하면 모든 콘텐츠를 무료로 보실 수 있으며 특히 영어 수행평가 대비에 유용한 〈온라인 강좌–영자신문〉을 추천합니다. 거의 모든 섹션의 기사가 들어 있으니 아이들이 관심 있어하는 주제부터 읽게 하시고, 읽은 후 기사 요약하기, 느낀 점 써보기 등의 쓰기활동으로 연계하시면 좋습니다. 신문을 읽으면서 얻는 최신 시사상식 및 배경지식은 덤입니다. https://www.ebse.co.kr

🗨 STEP2 태도와 자세 배우기

수행평가와 면접은 컨텐츠 못지 않게 그 수행 과정에서의 태도와 자세도 중요하게 평가합니다. 아이와 함께 아래 8개의 체크포인트를 꼭 확인해보시길 바랍니다.

① 학기 초, '학교알리미'에서 재학 중인 학교의 평가지침을 다운로드하고, 한 학기 평가계획을 확인한다.

② 수행평가는 과정평가! 무조건 수업 시간에 집중한다.

③ 선생님이 정해준 평가지침(채점기준)에 어긋나지 않는다.

④ 수업 중 제공된 활동지나 수업 관련 자료는 체계적으로 보관한다.

⑤ 매 수업마다 수행평가 일정이 공지되면, 달력에 꼼꼼히 적어둔다.

⑥ 여러 과목의 수행평가 일정이 겹쳤을 땐 우선순위를 정한다.

⑦ 발표는 목소리와 자세가 생명이다.

⑧ 친구의 발표 또는 토론 때 경청하는 자세는 기본 예의다.

글쓰기 양식이 궁금하다면

독서감상문 쓰기

• 초등국어 개념잡기_독서감상문

• 중학교 방학숙제, 수행평가 꿀팁!_수학 독후감

보고서 쓰기

• 중학교 방학숙제, 생생한 사회_역사 체험학습 보고서

자료를 빠르고 정확하게 찾고 싶다면

구글을 활용한 기초 자료 검색

① 디테일한 검색어를 입력한다.

우리나라 소개(×), 우리나라 조선시대 유적지 소개(○)

② 이미 작성된 보고서를 찾고싶다면, PPT, PDF와 같은 확장

자도 같이 검색한다.

한복(×), 한복 pdf(○)

③ 검색 연산자를 활용한다.

• 꼭 들어가야 하는 단어: " " 사이에 입력

예) "유적지"

• 찾고 싶은 단어 안에서 제외할 단어: 단어-제외할 단어

예) 유적지-서울(서울을 제외한 유적지만 검색됨)

- 여러 단어를 찾고 싶다면: 단어 or 단어

  예) 서울 유적지 or 조선시대 유적지

- 입력 단어와 비슷한 의미를 가진 검색어를 찾고 싶을 때: ~단어

  예) ~서울 유적지(서울 유적지와 비슷한 의미를 가진 단어들 검색됨)

통계 자료

- 국가 통계 포털 http://kosis.kr

- 한국 갤럽 http://www.gallup.co.kr

- 정보통신기획평가원 https://www.iitp.kr

트렌드 자료

- 트렌드 와칭 https://trendw.kr

- 대학내일 20대 연구소 https://www.20slab.org

PPT를 빠르고 손쉽게 만들고 싶다면

무료 탬플릿

- AllPPT https://allppt.com

저작권 없는 사진

- 픽사베이 https://pixabay.com

- Pngtree https://kor.pngtree.com

PPT 무료 강좌

- 친절한 혜강씨 http://leehyekang.com

- 새별의 파워포인트 https://seiru523.blog.me

무료 동영상 편집

- 곰믹스

  https://www.gomlab.com/gommixpro-video-editing/

책 읽은 후 부모 숙제

1. 우리 아이가 다니는 학교의 수행평가는 어떻게 출제되는
   지 확인해보기
2. 성취기준 자료 다운로드 받아서 확인하기
3. 교과 배경지식 및 기능 학습 추천사이트 모두 방문해보기
4. 아이와 함께 〈태도와 자세 배우기〉 읽고 이야기해보기
5. 중3 때까지 수행평가 및 면접을 위한 태도와 기능 학습할
   수 있도록 지도하기

4장

~∞~

후회 없는 선택을 위한
진로 역량

4차산업혁명 시대, 격변하는 진로직업 환경 속에서 자신의 소질과 적성을 찾아가는 과정은 단순한 덕목이 아닌 필수 역량이 되었습니다. 취업은 갈수록 어려워지고, 많은 직업들이 사라지고 또 생겨납니다. IT, ICT 기반의 새로운 기술혁신은 산업구조뿐만 아니라 사회구조까지 변화시켜가고 있습니다. 결국 우리 아이들이 경제생활의 주체로 살아나갈 가까운 미래의 일터는 지금과는 아주 다를 것입니다. 이런 큰 변화 속에서 우리 아이들이 가까운 미래에 없어질 직업을 목표로 삼아서는 안 되겠죠. 새로운 시대에 떠오르는 직업들에 대한 정보와 이해가 절실하며, 진로 코치로서 부모의 역할이 어느 때보다 중요한 시기입니다.

입시에 성공한 시현이 5년의 노력을 후회하다

부모님의 자랑스러운 큰딸

A교대 2학년 시현이는 지금 미래에 대해 고민이 많습니다. 2년 전, 교대 합격이 발표되던 날 시현이보다 더 뛸듯이 기뻐했던 건 부모님이었습니다. 초중고를 거쳐오며 뚜렷한 장래희망이 없었던 시현이는 그냥 어떤 자극이 들어올 때마다 '나 요리사가 될 거야', '나 발레리나!', '경찰이 되고 싶어'라며 하루에도 몇 번씩 하고 싶은 직업이 달라졌었습니다. 진지하게 생각해본 직업이 전혀 없었던 건 아닙니다. 중학교 때 단짝 친구 은선이가 되고 싶다던 '조향사'에 관심이 생겨 어머니에게 상의한 적이 있었죠. 그때 어머니는 처음에는 그 직업에 대해 잘 몰랐고, 나중에 설명을 들었을 때는 안정적이지 않은

것 같다며 다른 직업을 찾아보자고 했습니다. 친구 때문에 호기심이 생겼을 뿐, 정말로 되고 싶다고 생각했던 것은 아니어서 시현이도 곧 그 직업에 대해 흥미를 잃었습니다. 그리고 그렇게 고등학생이 되었지요.

되돌아보면, 시현이는 어릴 적부터 자기 주장이 강하지 않은 아이였습니다. 다섯 살 터울 남동생이 있어서인지 어린 시절에도 무언가를 하고 싶다거나 사달라고 졸랐던 경험이 별로 없습니다. 사춘기도 없는듯이 보냈고, 별다른 문제를 일으킨 적이 없는 그야말로 착한 딸이었습니다. 게다가 특유의 성실함으로 늘 반에서 1등을 하던 큰딸은 부모의 자랑이기도 했지요.

고등학생이 되어서 이제 구체적인 진로를 고민해야 할 때, 여느 때처럼 시현이는 부모님께 의견을 물었고 부모님은 안정적인 직업을 가질 수 있는 교대 진학을 추천했습니다. 요즘같이 취업하기 힘든 때 교사라는 직업이 얼마나 안정적인지에 대해 설명하며 '네가 그 직업을 가지면 우린 참 좋겠다'는 말도 덧붙이셨죠. 시현이는 그때까지 교사라는 직업에 대해 구체적으로 고민해본 적도 없었고 동생이나 어린 사촌들을 보면서 속으로는 귀찮다고 생각했었기 때문에 초등학생들을 가르치는 직업이 괜찮을까 잠깐 망설여지긴 했습니다. 하지만 다 어릴 때 일이기도 하고 딱히 다른 희망 진로도 없었기 때문에 별 고민 없이 고1부터 교대 진학을 위한 준비를 했고 결국 안정적인 수능 성적으로

A교대에 합격했습니다. 부모님은 뛸듯이 기뻐했고, 물론 시현이도 긴 초중고 12년 공부의 최종 목적지에 무사히 안착했다는 의미에서 교대 입학이 매우 기뻤습니다.

아이가 싫은 내가 교사가 될 수 있을까

──────────────────────── 하지만 대학 생활은 기대와는 달랐고 수업을 들으면 들을 수록 시현이는 본인이 아이들을 싫어한다는 사실을 깨달았습니다. 시현이가 어릴 적부터 자기주장을 하지 않았던 것은 큰딸로서 양보심이 있고 너그러워서라는 이유도 있었지만 사실 어린 동생이 고집을 부리고 떼를 쓰는 모습이 보기 싫었기 때문입니다. 사촌동생들도 놀아달라고 조르고 시현이가 아끼는 물건들을 아무렇지도 않게 쓰고 망가뜨리는 것이 싫었었는데 애써 무시했던 그 상황이 이제 매일 마주치는 현실이 될지도 모른다고 생각하니 너무 끔찍했습니다. 그리고 누군가를 가르치는 것도 크게 보람이나 재미를 느낄 것 같지 않았고요. 시현이는 장차 자신이 어떤 직업을 가져야 할지에 대해서는 여전히 확신이 없었지만 적어도 그게 교사는 아니라는 결론을 내렸습니다. 그리고 처음으로 부모님의 의견에 반해 휴학이라는 큰 일을 저질렀습니다.

그리고 한 달여의 고민 끝에 시현이는 다시 원점으로 돌아가 생각을 해보기로 결심했습니다. 주변에서는 안정적인 교대생 신분을 버리고 재수를 하겠다는 시현이를 이해하지 못했습니다. 특히 어머니가 그랬지요. 올해 수능까지 불과 5개월여밖에 남지 않았는데 가능하겠냐는 시선도 많았고요. 시현이는 고3으로 돌아간 마음으로 심기일전하여 수능 준비를 해나갔습니다. 그러나 찬바람이 조금씩 불기 시작하는 9월로 접어들면서 '내가 왜 지금 수능을 준비하고 있지? 수능을 보고 나면 어떻게 할 건데?' 하는 의구심이 꼬리에 꼬리를 물기 시작했습니다. 공부도 손에 잡히지 않았습니다. 어찌 보면 당연합니다. 여전히 뚜렷한 목표는 없었고 단지 교대가 다니기 싫어서 휴학한, 수능은 성적이 잘 나오면 그때 고민, 안 나와도 그때 고민인 상태, 지금 시현이의 심정이 딱 그랬으니까요.

탈출구 없는 고민

──────── 결국 올해 수능은 말도 안 되는 성적으로 마무리를 했습니다. 어머니는 지금이라도 늦지 않았으니 좋은 경험했다고 생각하고 다음 학기에는 복학하라고 합니다. 시현이는 어머니의 말대로 할까 싶다가도 그 말들 때문에 지금 이 상황까지 온 거라고 원망하는 마음도 들어 오히려 반대의 결정을 해버릴까 생각도 합니다.

'내년 수능 공부를 다시 시작할까, 복학을 할까? 복학은 다시 생각해도 너무 끔찍한데! 아냐, 딱히 하고 싶은 것도 없는데 시간 낭비하지 말자….' 하루에도 수십 번씩 시현이를 괴롭히는 생각들입니다. 고1부터 5년여의 시간을 교대 합격과 교사로의 진로를 위해 달려왔지만 시현이는 교사라는 직업이 정말 싫습니다. 과거의 나를 만난다면 다른 선택을 하라고 말해주고 싶습니다. 하지만 그럼 어떤 선택을 해야 하냐고 묻는다면? 시현이는 답답하기만 합니다.

시현이의 실패 사례 분석

- 초중고를 거쳐오면서 따로 직업적인 흥미를 가진 적이 없던 시현, 고1이 되어서도 구체적인 진로 고민 없이 공부에만 매진함 → 실패잠복기 시작
- 아이들을 좋아하지 않는 성향을 가지고 있고 누군가를 가르치는 데에도 흥미가 없지만 부모의 선택에 의해 교대에 입학 → 부정확한 진단으로 잠복기 장기화
- 교대 2학년을 지나오면서 성격적으로 정말 교사와 맞지 않는다는 것을 깨닫고 휴학, 하지만 다시 수능을 보는 것도, 복학하여 교사의 길을 가는 것도 답이 되지 않음 → **진로 역량의 부재**

진로교육,
알아야 아이도 부모도 후회하지 않는다

시현이처럼 고민 없이 선택한 전공으로 후회하고 방황하는 경우가 우리 주변에 참 많습니다. 일에 대한 세대간의 가치관 차이로도 볼 수 있겠지만 지금의 변화된 사회를 생각해보면 그렇게 단순한 문제가 아닙니다. 옥스퍼드 대학 경제학과 교수인 마이클 A. 오스본(Michael A. Osborne)과 칼 B. 프레이(Carl Benedikt Frey)가 발표한 미래예측보고서 〈고용의 미래(The Future of Employment)〉는 임박한 4차산업시대에 현재의 주요 직업 중 47%가 사라질 것이라고 말합니다. 이렇게 사회는 급변하고 있는데 그 미래를 대비하는 데 무엇보다 중요한 진로선택은 당장의 시험, 상급학교로의 진학에 가려져 미뤄지기만 합니다.

하지만 교육과정 개정과 더불어 진로교육은 당장의 현실교육

을 위해서도 매우 중요한 학습과정이 되었습니다. 고입의 자기
주도학습전형과 특히, 대입의 학생부종합전형에서 진로 역량(전
공적합성)이 매우 중요한 전형요소로 떠올랐기 때문입니다. 2015
개정교육과정을 통해 생겨난 고등학교 선택과목(일반선택/진로선
택)도 교과목 선택 기준이 바로 '진로목표'입니다. 만약 우리 아
이가 진로 역량을 갖추지 못하고 있다면, 교과목 선택 단계에서
부터 헤매게 되는 것이죠.

2015개정교육과정 선택과목

———————————————— 2015 개정교육과정에서 고등학
교 선택과목이 생기면서 진로는 교과의 영역에까지 들어오기 시
작했습니다. 진로선택과목의 선택은 곧 진로목표와 연계되어 있
기 때문입니다. 1학년 때는 공통과목인 국, 영, 수, 한국사, 통합
사회, 통합과학, 과학탐구실험, 이렇게 7개 과목을 공부하고, 이
어서 일반선택과 진로선택과목을 본인의 교과실력과 진로목표
에 따라 선택해서 수강하게 됩니다. 예를 들어, 영어 영역 진로
선택과목 중에 '영어권 문화'라는 과목이 있습니다. 외교학과 등
연관 전공을 희망하는 학생이라면 꼭 수강해야 하는 과목인데
이런 내용을 모르고 있다가는 나중에 대입 준비 과정에서 곤란
한 상황이 생길 수가 있습니다. 특히 학생부종합전형에서 그렇

죠. 그럼에도 이런 구체적인 내용을 모르는 학생과 학부모님들이 참 많습니다.

고등학교 보통 교과 교과목 구성

교과 영역	교과(군)	공통과목	선택과목	
			일반선택	진로선택
기초	국어	국어	화법과 작문, 독서, 언어와 매체, 문학	실용 국어, 심화 국어, 고전 읽기
	수학	수학	수학ⅰ, 수학ⅱ, 미적분, 확률과 통계	실용 수학, 기하, 경제 수학, 수학과제 탐구
	영어	영어	영어 회화, 영어ⅰ, 영어 독해와 작문, 영어ⅱ	실용 영어, 영어권 문화, 진로 영어, 영미 문학 읽기
	한국사	한국사		
탐구	사회(역사/도덕 포함)	통합사회	한국지리, 세계지리, 세계사, 동아시아사, 경제, 정치와 법, 사회·문화, 생활과 윤리, 윤리와 사상	여행지리, 사회문제 탐구, 고전과 윤리

자유학기제(학년제)

──────────── 강연을 통해 전국의 많은 학부모님들을 만나면서 우리 아이들 진로교육의 중요성을 앞선 여러 이유로 많이 말씀드리고 있습니다. 특히 초등학교 시기부터 중학교 자유학기제(학년제)까지의 진로 역량 향상에 대해 거듭 강조드리고 있죠. 그런데 그런 과정에서 제가 학부모님들께 종종 듣는 질

문이 있습니다. 그것은 바로 "자유학기제가 진로학기제라는 취지는 알겠는데 현실적으로 중1 나이에 진로를 정하는 게 가능한 이야기인가요?"라는 의문입니다. 저도 공감합니다. 열네 살 나이의 아이들이 진로를 정해야 한다는 것은 가능하지도 올바르지도 않습니다. 그런데 바로 이 부분이 많은 분들이 오해하고 있는 지점이기도 합니다. 자유학기제의 근본 취지는 중1 나이에 진로를 정하라는 것이 아니라 부디 우리 아이들이 '유튜버, 판검사, 의사, 선생님' 이외의 직업도 있다는 것을 알게 해달라는 것입니다. 한창 오디션프로그램이 유행했을 때는 '가수' 또는 '연예인', 지금은 '컨텐츠 크리에이터'로 바뀌는 이런 유행 타는 직업선호를 제외하면 우리 아이들은 직업에 대해 정말 아는 것이 없습니다. 앞서 언급한 〈고용의 미래〉에서 조사한 현 시점의 주요 직업이 702개였습니다. 하지만 우리 아이들에게 되고 싶은 것이 뭐냐고 물으면 여전히 검사, 의사, 선생님이 대부분입니다.

이런 전문직 위주의 선호는 사실 부모님의 희망인 경우가 더 많습니다. 좀 더 많은 돈을 벌 수 있고, 사회적 지위나 직업 안정성 같은 대체로 어른들의 관점에서 중요한 부분들을 강조함으로써 우리 아이들이 진로를 잘못 접하는 과정이죠. '현실적'이라는 취지로 말입니다. 물론 현실은 더 냉정하기 때문에 부모님들의 걱정은 이해가 됩니다만 이는 두 가지 이유로 올바른 지도법이 아닙니다.

첫째, 직업세계가 크게 바뀌고 있습니다. 그리고 그 중심에는 IT기술과 인터넷이 있죠. 사실 어른 세대는 잘 모르는 진로가 앞으로 더 유망할 수도 있고, 지금 어른의 관점에서 유망해 보이는 직업이 20년 내 사라질 직업 리스트에 있기도 합니다. 또 다른 이유는 진로는 본인이 정해야 학습동기로 이어질 수 있다는 점입니다. 어차피 수십, 수백 번 바뀔 수도 있는 것이 아이들의 생각이고 목표입니다. 진로목표는 바뀐다고 해도 그 과정에서 키워지는 적극성은 자기주도학습 역량으로 이어질 수 있습니다. 우리 아이가 소위 '돈벌이'가 안 되는 직업을 이야기해도 믿고 지지해주셔야 합니다. 대화와 책 추천 등을 통해 스스로 진로탐색을 심화해갈 수 있도록 도와준다면 길은 스스로 찾게 되어 있습니다. 오히려 아무 목표도 없는 아이들이 더 큰 문제이지 뭐라도 관심 갖는 아이는 성장을 하고 있는 중인 것입니다.

'진로전도사'로서 학습과 진로, 진학과 진로, 개정교육과정과 진로, 인생과 진로 등 '현실적인 진로'에 관한 강연과 글 쓰는 일이 제 일입니다만, 어느 순간 정작 내 가족의 진로는 챙기지 못하고 있구나 하는 깨달음이 있었습니다. 그래서 대화와 설득을 통해 70대이신 저의 부모님도 노후 진로에 대한 구체적인 관심이 생기셨고, 그 결과 저의 아버지는 '실용음악과', 어머니는 '관광학과' 대학생이 되셨습니다. 대학생으로서 하루하루가 바빠지고 더욱 건강해지셨지요. 그리고 '꿈과 목표'를 통해 더욱 행복

128

한 노후를 보내고 계십니다. 이러한 과정이 우리 아이가 미래를 위한 준비를 시작할 시점에 일어난다면 얼마나 행복한 일들이 벌어질까요.

진로교육
성공 조건 6

진로는 중요합니다. 그것은 삶의 이정표일 뿐만 아니라 한 개인이 사회와 상호작용하는 주된 방식이며, 먹고 사는 현실적인 문제이기 때문입니다. 가까운 현실 교육에 있어서도 진로는 중요합니다. 자유학년제, 2015 개정교육과정, 학생부종합전형, 학습동기 등 교육과 제도 속에서 '진로'는 현실적으로 이미 중요한 교육 역량으로 자리매김했습니다. 그러나 진로에 대한 학생과 학부모님들의 인식과 관심은 이에 미치지 못하는 경우가 아직 많습니다. 단순히 직업체험 한두 번 하는 것만으로는 아무것도 달라지지 않습니다. 앞서 살펴본 주요 학습 역량들과 마찬가지로 장기적이고 체계적인 교육이 필요합니다. 효율적인 진로교육의 방향성을 설정하기 위해 고려해야 할 6가지 요소를 말씀 드립니다.

1. 흥미 유발

──────── 성공적인 진로교육의 출발점은 바로 흥미입니다. 안타깝게도 '교육'이라는 이름이 붙으면 벌써부터 흥미를 잃어버리는 아이들이 많지만요. 그러나 실제 진로의 세계는 흥미로운 일들로 가득 차 있습니다. 바로 눈으로 보고 몸으로 체험할 수 있는 현실적인 교육 영역이기 때문이죠. 따라서 아이들이 흥미를 가질 수 있는 방법을 가장 우선으로 고려해야 합니다. 그리고 아이를 평소에 잘 관찰하여 조금이라도 관심을 보이고 흥미롭게 여길 만한 활동부터 경험하게 해주셔야 합니다. 다양한 오프라인 체험활동과 더불어 온라인 활동도 흥미 함양 부분에 있어서 크게 도움이 됩니다. 유튜브 등 온라인 매체를 통한 다양하고 생생한 진로 세계를 영상으로 접하는 것도 좋은 방법이 될 수 있습니다.

2. 호기심 확장

──────── 아이들의 호기심은 다양합니다. 어떤 아이는 드론을 장난감처럼 가지고 놀기만 하다가 어느 순간 그 구조에 대해 궁금해지기도하고, 또 다른 아이는 드론의 색다른 쓰임에 대한 아이디어를 떠올릴 수도 있습니다. 그리고 어떤 아이는 드론이 보편화된 세상은 어떤 모습일까 궁금해지기도 합니다. 바

로 이때가 진로교육에 있어 중요한 지점입니다. 단순한 호기심에서 깊이 있는 진로탐색으로의 확장이 가능한 상태이기 때문입니다. 가장 좋은 방법은 책을 추천해주는 것입니다. '진로독서'를 통해 다양한 색깔의 호기심이 더 확장될 수 있습니다. 서점에서 아이와 함께 책도 같이 찾아보고, 읽어보고 또 이야기 나눠보시길 추천합니다.

3. 롤모델

———— 진로에 대한 관심과 열망이 확대될 수 있는 가장 좋은 자극제가 바로 롤모델입니다. 롤모델을 통해 아이들은 자신의 미래 모습을 투영하기도 하고 또 해당 진로의 생생한 현실을 간접적으로 경험할 수 있습니다. 아이가 관심을 보이는 분야에서 존경할 수 있는 인물을 추천해주세요. 책, 영상, 강연 등을 통해서 롤모델의 이야기를 들을 수 있게 해주시는 것만으로도 충분합니다.

4. 진로진학 정보

————— 아이가 꾸준한 진로체험에 이어서 진로진학 정보를 찾아본다는 것은 진로목표를 현실화하고 또 구체화하고

있다는 증거입니다. 진로에 대해 단순히 흥미나 지식 수준에 머물지 않고, 자신의 꿈을 현실적 목표로 받아들이겠다는 행동을 한 것이라 볼 수 있죠. 이때 아이에게 필요한 것은 다양하고 신뢰할 수 있는 직업 정보 및 진학(입시) 정보입니다. 해당 직업의 단점과 장점을 충분히 알아봄으로써 직업이 아이의 적성에 맞는지를 스스로 판단할 수 있게끔 하는 것이 중요하죠. 또한 그런 직업을 얻기 위해서 대학에서 어떤 공부를 해야 하며, 해당 전공 및 대학에 입학하기 위해서 지금 어떤 노력을 해야 하는지를 진학 정보를 통해 스스로 파악하게 해야 합니다. 그 순간이 진로가 학습동기로 이어지는 매우 중요한 지점입니다.

5. 지속성

——— 진로에 대한 단순한 관심을 '진로 역량'으로 성장시키기 위해서는 무엇보다 진로교육이 지속적으로 이뤄져야 합니다. 진로교육이 체험 위주로만 진행되면 안 되는 이유입니다. 진로활동이 단발성으로 끝나지 않고, 지속적으로 이루어지기 위해서는 진로교육의 소재가 일상의 도달 범위 내에 있어야 합니다. 이를 위해 '멀티미디어 진로독서'를 추천합니다. 우선 온라인을 통해서 최신 기술 영상 보기, 강연 보기, 직업정보 찾기, 입시정보 파악하기, 책 검색하기 등 다양하고 흥미로운 진로활동을 할

수 있습니다. 이와 더불어 '진로독서'를 통해 꾸준히 지식과 호기심을 확장해간다면 일상의 영역에서도 꾸준한 진로교육이 가능해질 수 있습니다.

6. 포트폴리오

──────── 진로탐색의 과정과 결과물은 한 곳에 모아두는 것이 중요합니다. 진로탐색은 생활 속에서 파편적으로 이루어지는 경우가 많으므로, 한 곳에 모아 관리해야 활동이 중복되거나 누수되는 일이 없습니다. 따라서 독서활동, 직업체험, 영상 시청, 자료 조사 등 진로와 관련된 모든 활동을 간단히 기록해두는 습관을 길러주시길 바랍니다. 학교생활기록부 관련 항목에 기재할 내용을 미리 정리해두는 이점이 있을 뿐만 아니라, 입시 과정에서도 유용한 소재가 될 수 있습니다.

진로 포트폴리오 만들기

📣 STEP1 직업적성검사

진로교육은 단순히 직업 정보를 파악하는 것만으로는 절대 완성될 수 없습니다. 학생 스스로의 적성과 소질을 파악하여 자신에게 맞는 진로를 찾을 때 비로소 의미가 생기는 것이죠. 그런 의미에서 직업적성검사는 학생의 적성과 소질을 객관적으로 파악할 수 있는 매우 유용한 방법입니다. 또한 우리 아이가 진로교육에 관심을 갖게 하는 좋은 마중물이 될 수 있습니다.

커리어넷 진로심리검사

──────────────── 〈대상별 심리검사〉에서 청소년용 직업적성검사, 직업흥미검사(H), 직업흥미검사(K), 직업가치관검사, 진로성숙도검사 총 5가지의 검사가 가능하며, 〈진로탐색 프로그램〉에는 초등학생용(아로주니어 플러스, 아로주니어, 진로흥미탐색)과 청소년용(아로플러스) 검사지들이 따로 준비되어 있습니다. http://www.career.go.kr

지속적이고 적극적인 활용을 위해 회원가입을 해두시면 좋습니다. 회원으로 등록이 되면 커리어넷에서 실시하는 우리 아이의 검사 내용이 누적 저장되어, 향후 발달 시기에 따른 적성 및 흥미의 추이를 살펴보실 수 있습니다.

우선 로그인을 하신 후 〈진로심리검사〉 → 〈대상별 심리검사〉 → 〈청소년용〉 → 〈직업적성검사〉를 클릭합니다. 그럼 사이트에서는 우선 아이의 기본 정보와 커리어넷에서의 심리검사 현황을 보여주고, 그 아래로 청소년용 심리검사 각각의 검사 목적과 소요시간, 문항이 간단히 표시됩니다.

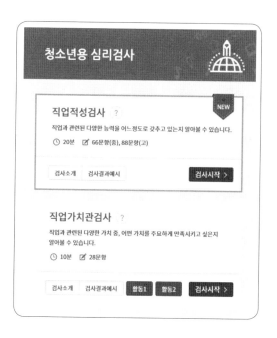

그럼 '직업적성검사'를 한 후 확인할 수 있는 결과를 같이 살펴보겠습니다. 최상단에 직업적성검사 주요결과가 표시되고, 아래로 직업적성 영역별 결과, 추천직업군, 관심직업과 나의 적성,

응답성실도 등의 세부결과가 표시됩니다. 그리고 제일 아래에는 검사 후 진로상담받기, 공개상담살펴보기 등의 활동 등을 추천하고 있는데요, 결과에 따라 적절하고 유용하게 활용하시기 바랍니다.

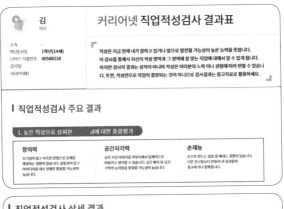

적성영역	백분위	적성영역	백분위	적성영역	백분위
창의력	94.2	예술시각능력	68.1	대인관계능력	25.8
공간지각력	89.5	수리·논리력	62.8	자기성찰능력	20.8
손재능	87.1	음악능력	48.4	신체·운동능력	1.2
언어능력	81	자연친화력	30.7		

적성영역	직업군
창의력	연기 관련직, 예술기획 관련직, 작가 관련직, 디자인 관련직, 웹·게임 애니메이션 관련직, 미술 및 공예 관련직, 기타 특수 예술직
공간지각력	고급 운전 관련직, 공학 기술직, 공학 전문직
손재능	기능직, 의복제조 관련직, 조리 관련직, 이미용 관련직, 기타 게임·오락·스포츠 관련직

심리검사 항목도 있지만 아이들에게 직업적인 정보를 주는 학습자료도 포함되어 있습니다. 대표적으로 〈초등학생용〉→〈아로주니어플러스〉→〈주니어직업정보〉를 클릭해보면 그림과 함께 다양한 직업군에 대해 학습할 수 있습니다. 심리검사 항목을 어려워할 초등학교 저학년을 위해서는 〈초등학생용〉→〈아로주니어〉→〈진로흥미탐색(저학년용)〉을 추천합니다. 마법사 아로와 퀴즈를 풀듯이 검사가 진행되며 마지막에는 '나의 다짐'을 작성하여 아이들에게 직업에 대한 생각을 하게 하고 작지만 스스로 실천 목표를 세워볼 수 있도록 구성되어 있습니다.

아로주니어플러스
_주니어직업정보

아로주니어 _진로흥미검사

또한 고학년용 진로흥미탐색 검사에서는 우리 아이가 어떤 분야에 흥미가 있는지, 그리고 흥미 유형과 관련된 특성 및 추천 직업, 관련 학습법에는 어떤 것들이 있는지 살펴볼 수 있습니다.

워크넷 진로심리검사

──────────── 워크넷은 커리어넷보다 조금 더 검사 대상 연령층이 높습니다. 상대적으로 보다 현실적인 내용들이 담긴다고 이해해주시면 됩니다. 워크넷에서도 누적 검사 현황을 지속적으로 살펴보고 싶으시다면 회원가입을 추천합니다만 단발성 검사는 비회원으로도 가능합니다.

https://www.work.go.kr

워크넷의 메인 홈페이지 〈직업, 진로〉 → 〈직업심리검사〉 → 〈청소년 심리검사 실시〉를 따라오면 아래 항목처럼 총 8가지

심리검사가 가능한데요, 검사를 실시하기 전에 검사 안내와 결과 예시를 클릭해서 보시면 어떤 결과를 받아 어떻게 활용하실지 참고할 수 있습니다.

　대표적으로 〈대학 전공(학과) 흥미검사〉 결과만 같이 살펴보면, 이 검사를 통해 검사 대상자의 전공(학과) 흥미점수를 살펴볼 수 있고 이를 기반으로 한 상위 3 전공에 대해 알려줍니다. 이 결과를 바탕으로 관련 전공의 상위권 대학, 평소 관심이 있었던 대학의 실제 학과를 조사하면서 아이와 함께 꿈과 목표를 구체화해도 좋겠습니다.

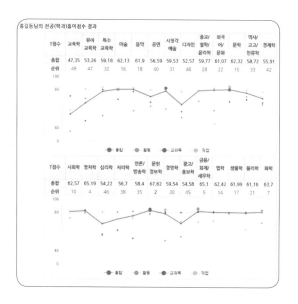

홍길동님의 전공(학과)흥미점수 결과

T점수	교육학	유아교육학	특수교육학	미술	음악	공연	시청각예술	디자인	종교/철학/윤리학	외국어문화	문학	역사/고고인류학	정계학
총합	47.35	53.26	59.18	62.13	61.9	56.59	59.53	52.57	59.77	61.07	62.32	58.72	55.91
순위	49	47	32	16	18	40	31	48	28	22	15	33	42

T점수	사회학	정치학	심리학	지리학	언론/방송학	문헌정보학	경영학	광고/홍보학	금융/회계/세무학	법학	생물학	물리학	화학
총합	62.57	65.19	54.22	56.7	58.4	67.62	59.54	54.58	65.1	62.42	61.99	61.16	63.7
순위	10	4	46	38	35	2	30	45	5	14	17	21	7

다만 워크넷의 검사들은 대부분 청소년을 대상으로 한 심리검사여서 초등학생들은 질문이 좀 어려울 수 있습니다. 이때는 학부모님께서 옆에서 문항에 대한 설명을 해주시면 됩니다.

📑 STEP2 진로탐색 노트 5

* QR코드를 스캔하시면 해당 양식을 다운 받을 수 있습니다.

진로교육의 핵심은 지속성과 호기심의 확장입니다. 체험 위주의 단편적인 활동만으로는 진로교육의 선순환을 만들기 어렵습니다. 앞서 말씀드린 진로교육 성공의 6가지 요소를 모두 충족하기 위한 방법으로 아래 다섯 가지 진로노트를 작성을 추천합니다.

관심기록 노트

직업탐구 노트

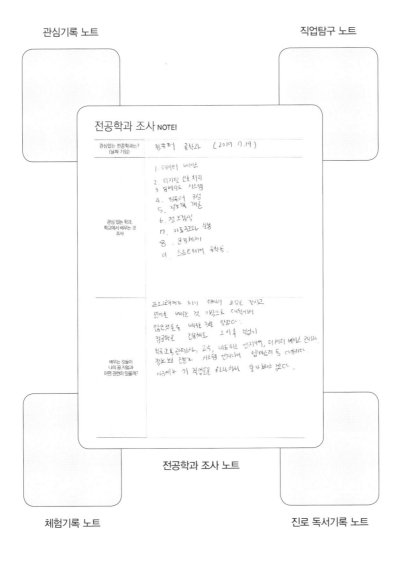

전공학과 조사 노트

체험기록 노트

진로 독서기록 노트

관심기록 노트

──────── 진로교육에 있어 가장 중요한 것은 바로 흥미에서부터 출발점을 만들어야 한다는 것입니다. 아무리 교육적으로 훌륭한 내용이라도 아이들의 관심을 이끌어내지 못하면 실천으로 이어질 수 없겠죠. 그런데 이 흥미와 관심은 TV를 보다가, 영화를 보고 나서, 유튜브 영상을 보고 나서, 책을 읽고 나서 등 언제 어디서 튀어나올지 모릅니다. 이런 관심과 흥미가 사그라지기 전에 관심기록 노트 작성을 해두시길 추천합니다.

직업탐구 노트, 전공학과 조사 노트

──────────────── 세상의 모든 관심거리는 어떻게든 직업과 연관이 있을 수밖에 없습니다. 흥미와 관심에서 시작된 직업에 대한 호기심을 커리어넷과 워크넷 등을 통한 직업 조사로 구체화해주시길 추천합니다. 구체적으로 하는 일은 무엇인지, 연봉은 얼마인지, 유사 직업은 무엇이 있는지, 이 직업을 갖기 위해서 대학 전공은 무엇을 하면 좋은지 등 다양하고 실질적인 정보를 얻을 수 있습니다. 여기서 또한 기록을 남겨두는 것이 중요합니다. 직업에 대한 정보는 직업기록 노트에, 관련 전공에 대한 정보는 전공학과 조사 노트에 기록해두고 모아놓으면 바로 이것이 후일 대학 진학 열쇠가 되는 진로 포트폴리오가 됩니다.

체험기록 노트

──────── 초등 저학년 시기에 가능한 다양한 진로체험 활동에 노출시키기를 권해드립니다. 그러던 중에 흥미를 가지거나 재능을 보이는 분야가 있다면 초등 고학년 때 그 분야에 대해 집중적으로 노출을 시켜주시기 바랍니다. 하지만 아이가 뚜렷한 재능을 보이지 않는다고 해서 부모님 눈에 '좋아 보이는' 직업을 권하는 일은 삼가셔야 합니다. 아래 추천드리는 연간 체험활동을 기반으로 우리 지역에서 열리는 초/중등 대상 체험활동 및 대회에 관심을 가져주시고, 체험 후에는 기록을 남길 수 있게 하여 이후 좀 더 깊이 있는 활동을 위한 디딤돌로 활용하시기를 바랍니다.

크레존

〈창의적 체험활동〉을 클릭하면 우리 아이에게 유익한 체험활동 장소를 찾아볼 수 있습니다. https://www.crezone.net

전국과학관 길라잡이

〈전국과학관 찾기〉코너를 통해 전국에 있는 지역별, 주제별 과학관을 찾아보고 상설전시, 기획전시, 체험활동 등의 정보를 얻을 수 있습니다. https://smart.science.go.kr

아래 일정은 학기 중에는 보름~한 달 전부터 공지되며 방학 일정은 방학 한 달~두 달 전에 공지 및 접수를 시작, 보통 2주 전에 접수가 마감됩니다. 매해 진행되는 행사 위주로 정리했으나 상황에 따라 일정이 바뀌는 곳도 있으니 꼭 체험하고 싶은 행사는 홈페이지를 수시로 확인해주어야합니다. (아직 일정이 구체적으로 나오지 않아 홈페이지가 없는 행사도 있습니다. 이때는 네이버 등의 포털사이트에서 지속적으로 검색하도록 합니다.) 또한 방학프로그램은 여름과 겨울 두 차례 진행되는 곳이 많으니 여름방학에 참가할 수 없다면 겨울방학 일정도 확인해두시기 바랍니다.

146

월	내용	QR코드
3월	삼성생명 청소년 미술대회	
	삼익 자일러 피아노콩쿠르	
	서울시 어린이기자단	
	서울시 음악영재 장학생 선발	
	학생 창의력 챔피언대회	
4월	과학상자 조립대회, 로켓과학대회	각 학교에 문의
	명예경찰소년단 모집	각 학교에 문의
	에버랜드 동물사랑단, 식물사랑단	
4월	자연관찰대회, 과학탐구실험대회	각 학교에 문의
	전국 초중고 외국어경시대회 접수	
	학생탐구 발표대회	각 학교에 문의
5월	소년 한국일보 미술대회 접수	
	자연사랑 어린이미술대회 작품 접수	

6월	대한민국 청소년영화제 작품 모집	
	예술의 전당 어린이 여름예술학교 접수	
7월	부산국제 어린이청소년 영화제	
	국제수학올림피아드	
	국립어린이청소년도서관 독서캠프	
여름방학	LG-KAIST 영어과학캠프	
	국립국악원 푸르미르 짧은 배움과정	
	국립극장 어린이예술학교	
	국립청소년우주센터 / 가족 우주과학 캠프	
	대한민국 역사박물관 방학프로그램	
	백범 김구 기념관 방학프로그램	
	서울대공원 여름방학 특별프로그램	
	서울역사박물관 방학프로그램	

여름 방학	성균관대학교 / 전국영어수학학력경시대회 접수	
	신문박물관 방학프로그램	
	항공과학캠프	
9월	LG생활과학아이디어 공모전	
	kbc 전국 청소년예술제 접수	
12월	공예트렌드페어	
겨울 방학	국립어린이청소년도서관 독서캠프	
	서울 역사박물관 방학프로그램	
	한국은행 화폐금융박물관 방학교실	
2월	국토교통부 어린이기자단 모집	
	대한민국 학생발명전시회 접수	
	법제처 어린이법제관 모집	

진로독서기록 노트

──────────── 진로 포트폴리오는 앞서 단계적으로 채워온 관심기록 노트, 이를 직업과 연관 지어 생각해보고 실제 직업 정보 찾아보는 직업탐구 노트, 관련 전공 학과나 대학은 어디인지, 현실적인 진로 진학 목표를 탐색해보는 전공학과 조사 노트, 그리고 이와 관련된 체험활동을 기록하는 체험기록 노트 작성 후 좀 더 깊이 있는 탐구와 사색을 위한 진로독서 과정까지를 기록하는 것으로 마무리됩니다.

진로 포트폴리오의 마지막 단계이자 첫 단계라고도 할 수 있는 진로독서는 독서 후, 기록 노트에 다음과 같은 내용을 기재합니다.

① 어떻게 이 진로에 대해 관심을 가지게 되었는지
② 어떤 내용이 궁금해서 이 책을 읽게 되었는지
③ 이 책을 읽고 난 후 무엇을 알게 되었으며
④ 이후 이 진로를 위해 어떤 활동을 할 계획인지

따라서 진로독서기록 노트는 지금까지 차근차근 밟아온 특정 진로에 대한 요약 기록이자 앞으로의 청사진 역할을 합니다. 또한 책을 읽고 연관 분야, 또는 언급된 다른 분야에 관심이 생겨 관심기록노트 – 직업탐구 노트 – 전공학과 조사 노트 – 체험기

150

록 노트 – 진로독서기록 노트로 이어지는 또 다른 진로탐색의 계기가 될 수도 있습니다. 이처럼 이 5개의 기록노트를 채워가면서 아이의 진로탐색은 그때그때의 관심 영역에 따라 다양한 분야로, 때로는 특정 분야의 깊숙한 곳으로 가지를 뻗어 나갈 것입니다.

* 진로추천도서 리스트 다운받기

책 읽은 후 부모 숙제

1. 진로 포토폴리오 만들기를 위한 교육자료(진로노트5 양식, 진로추천도서 등) 다운로드 받기

2. 직업적성 검사를 아이와 함께 해보고(아이, 부모님 따로), 그 결과를 가지고 '소질과 적성 그리고 꿈'에 대해 이야기 나눠보기

3. 검사 결과 또는 평소에 흥미 있던 직업(또는 분야) 2개를 골라 진로 포트폴리오 작성하고(관심기록 노트, 직업 조사 노트, 전공학과 조사 노트, 체험기록 노트, 진로독서기록 노트 등) 클리어 파일에 차곡차곡 보관해두기

4. 관심을 보이는 분야가 생기면 그때마다 2, 3번 반복하기

5. 아이가 중3이 되면, 진로목표(포트폴리오)를 참고하여 고교 진로선택과목(고교학점제 과목) 선정 미리 논의하기

5장

입시 역량 없는 학습은
모래 위의 성

현실 교육 안에서의 궁극적 학습목표는 '진로와 진학'일 것입니다. 진학(입시)의 목표가 바로 진로이니 결국엔, '학습 → 입시 → 진로'라는 교육방향성 공식이 성립하게 되죠. 따라서 학습의 방향성은 우선 입시와 긴밀히 연결되어야 합니다. 특히 초등학생, 중학생 때의 학습은 더더욱 입시의 이해를 바탕으로 한 것이어야 하는데, 교과목 학습의 구체적인 방향 설정과 영역별 심화는 고등학생 때가 아니라 오히려 초중등 때 가능한 부분이 많기 때문입니다.

대입개편안에 따른 비교과 축소(폐지)와 고교 내신의 중요성 증대로 내신 변별력이 높은 유형에 대한 집중적인 대비가 필요해졌습니다. 즉, 지필고사는 서논술형, 그리고 학교에 따라 내신의 절반을 차지하는 수행평가에 대한 적극적인 대비가 필요한 상황입니다. 하지만 입시가 학습에 미치는 이 같은 영향을 고려하지 않고, 그저 해오던 방식으로 공부하는 학생들이 아직도 많습니다. 그 결과는 너무도 분명하게 예측 가능합니다. 열심히 공부했더라도 방향성이 잘못된 경우라면 결코 입시와 진로로 연결될 수 없습니다.

결국 우리 아이를 위한 올바르고 효율적인 학습은 입시에 대한 정확한 이해를 바탕으로 할 때만 가능하기 때문에, 입시 역량은 학부모가 갖추어야 할 필수 교육역량이기도 합니다.

전교 1등 정원이와 학생부종합전형의 잘못된 만남

최강 조합이라는 일반고 전교 1등 + 지균의 실패

광역시에 있는 C고등학교는 지역에서 크게 회자되지 않는 평범한 학교입니다. 어떤 해는 한두 명씩 서울대에 진학하기도 하지만 어떤 해는 한 명도 합격하지 못할 때도 있지요. 어떤 학생이 입학했는가에 따라 복불복, 즉 상위권 대학 진학에 관해서는 상당 부분 학생의 역량에 달려 있다는 이야기입니다. 3학년인 정원이는 그런 의미에서 올해 C고의 유일한 희망입니다. 고1 첫 시험부터 전교 1등을 차지한 이후 고3이 된 지금까지도 그 자리를 유지하고 있으며, 수능 모의고사 점수도 등락은 있지만 전 영역 1등급이 두 번에 한 번 꼴로는 나오고 있기 때문입니다. 개인 사업을 하는 정원이 부모님은 워낙 바빠서 아이 입시에 크게 신경 쓸 여유가 없기도 하지만, 내심 전교 1등이니 응당 좋은 결과가 있을 거라 마음 놓고 있습니다. 학교에서도 정원이가 올해 진학 성적에 크게 기여해주리라 기대가 큽니다.

정원이는 서울대학교 경영대학을 거쳐 글로벌 CEO가 되는 것이 꿈입니다. 지난 3년간 그 목표 하나만을 보고 열심히 달려왔고, 이제 전교 1등에게 주어지는 지역균형선발 티켓으로 지원하는 일만 남았습니다. 하지만 목표가 높은 만큼 안전한 지원은 아닙니다. 좀 더 정확하게 말하자면 정원이가 지원하는 지역균형선발전형(이하 '지균'), 게다가 인기 학과인 경영학과라면 현실적으로 안정적인 지원이란 없다고 해야 할 것입니다.

문제의 발단은 경영학과 말고 소비자학과를 지원하는 게 낫겠다는 학교의 제안이었습니다. 정원이가 뛰어난 학생인 것은 맞지만 서울대 경영학과를 학생부종합전형으로 입학하기엔 학생부 경쟁력이 약하다는 것이지요. 학교장 추천으로 이루어지는 지균이기에 학교의 의견에 신경 쓰지 않을 수는 없지만 그래도 정원이는 받아들일 수 없었습니다. 자신이 원하는 전공은 '경영학'이지 '소비자학'이 아니기 때문입니다. 좀처럼 양측의 의견차는 줄어들지 않았고, 급기야 부모님이 학교로 방문하여 다투는 일까지 일어났습니다. 학교 측 의견이 완강하자 정원이는 제안을 합니다. 경영학과를 쓰게 해주면 다른 학교는 지원도 하지 않을 것이며, 떨어지더라도 수능으로 서울대를 갈 것이고 학과 선택도 학교에 일임하겠다는 것이었죠. 그러나 학교는 꿈쩍도 하지 않았고 결국 정원이는 소비자학과에 지원하게 됩니다. 결과는 탈락, 결국 정원이도 학교도 모두 실패하고 말았습니다. 그런데 정원이가 원하던 대로 경영학과에 지원했다면 합격했을까요?

입시 역량이 뒷받침 되지 않는 공부는 예고된 실패일 뿐

———————————————————————— 결론부터 말하자면 '아니다'입니다. 사실 겉보기에는 학과 선택에 관한 학생과 학교의 충돌쯤으로 보일 수도 있지만, 문제의 본질은 그게 아닙니다. '전교 1등을 놓치지 않았음에도 정원이의 학생부 경쟁력은 도대체 왜 그리 약한 것인가', 바로 이것이 문제입니다. 정원이의 학생부에는 뚜렷한 방향성이 없었습니다. 누가 봐도 공부 잘하는 학생임에는 의심의 여지가 없지만, 본인이 밝힌 CEO라는 꿈, 경영학과가 진학 목표라는 것에 대한 구체적인 실천이 없었습니다. 주어진 과제, 학교 시험에만 최선을 다했을 뿐 플러스 알파가 없었다는 이야깁니다. 그 흔한 경영 관련 도서 한 권 읽지 않았으니 그 꿈의 진정성부터가 의심될 수밖에 없습니다.

정원이의 진학 실패는 너무도 명백히 입시 역량의 부재로 벌어진 일입니다. 학생부종합전형을 목표로 했지만 학생부종합전형에서 실제로 무엇을, 어떻게 평가하는지 제대로 몰랐던 것이지요. 방법을 모르니 노력의 방향이 엉뚱한 곳을 향할 수밖에 없었고, 그 결과는 필연적으로 실패로 이어지게 됩니다. 정원이 본인, 학교, 정원이 부모님 모두 이 실패의 책임에서 자유로울 수 없습니다. 좀 더 알기 쉽도록 서울대의 사례를 들기는 했지만 이는 정원이만의 안타까운 이야기가 아닙니다. 대학명만 바꾸어놓으면, 조금 과장해 말하면 전국 대다수의 아이들에게 해당하는 이야기이기 때문입니다.

정원이의 실패 사례 분석

- 서울대학교 지역균형선발전형을 목표로 일반고에 진학, 3년 내내 전교 1등를 놓치지 않은 정원이. 하지만 1등을 하면 된다는 목표 외에 지원할 전형에 대한 구체적인 대비는 하지 않음 → 실패잠복기 시작
- 경영학과 진학이 목표인 정원이와 합격 가능성이 낮으니 차라리 소비자학과를 지원하라는 학교와의 충돌 → 구체적인 상황 파악 없이 갈등만 심화
- 일반고 전교 1등 자격으로 서울대학교 지균 티켓을 손에 넣었지만 결과는 진학 실패 → **입시 역량의 부재**

부모와 학교가
책임져야 할 필수 역량

정원이의 사례를 입시용어로 짧게 요약해보면, '학생부종합전형'이라는 '대입전형'에 대한 이해 부족이 '전형요소'에 대한 대비 부족을 낳고 그 결과 목표 달성에 실패했다, 입니다. 결국 3년, 아니 12년에 걸친 학생의 피땀 어린 노력이 무용지물이 된 것이고, 학교도 부모님도 책임을 피할 수가 없는 것이지요.

그렇다면 대입전형은 무엇이고, 또 전형요소란 무엇일까요?

대입전형이란 대학에서 학생을 선발하기 위해 지원자를 평가하는 일련의 과정 및 방식을 말합니다. '대학 입학에 이르는 길'(방법)로 비유할 수 있으며, 학생부종합전형, 수능전형, 논술전형, 학생부교과전형, 실기전형 등이 있습니다.

그리고 전형요소란 학생을 선발하기 위해 평가되는 요소를 말합니다. 내신등급, 교과활동, 비교과, 면접평가 성적, 수능성적, 논술고사성적, 실기능력, 봉사활동, 자기소개서 등이 여기에 해당됩니다. 대입전형에 따라 평가기준 즉 전형요소에 차이가 있습니다. 예를 들어, 수능전형에서의 전형요소는 수능 성적, 출결 상황, 봉사활동 등이며(대학에 따라 다름), 학생부교과전형에서의 전형요소는 내신등급, 수능최저기준(대학에 따라 다름) 등이 될 수 있습니다.

대입전형에 따라 전형요소가 다르고, 또 전형요소가 다르면 공부를 해야 하는 방식이나 범위가 완전히 달라집니다. 그렇기 때문에 최소 중학생 학부모라면 알고 있어야 하는 개념들입니다.

입시 역량을 키우기 위해
부모가 알아야 하는 것들 - 기초편

🗩 대학을 가는 네 가지 방법

대학을 가는 대표적인 방법 네 가지를 소개합니다. 고등학생이
되면 본인에게 강점이 있는 전형을 선택하여 그 전형요소 위주
로 집중 학습해야 하기 때문에, 고등학생이 되기 전에 대입 방
법을 미리 파악해놓아야 합니다. 입시제도가 지속적으로 변하
고 있는 만큼 각 전형별 전형요소의 큰 틀 위주로 이해하시면
되겠습니다.

정시전형

──────── 11월에 실시되는 대학수학능력시험, 즉, 수능점수(표준점수/백분위)로 신입생을 뽑는 전형. 수능점수 외에 다른 요소로 학생을 선발하기도 하지만 수능점수가 당락에 절대적인 전형요소입니다. 단, 정시의 특별전형은 대학별 학과별로 달라, 수능점수 위주의 선발이 아닌 경우도 있으니 개별적으로 확인하여야 합니다. 또한 수시전형에서도 수능점수가 최저학력기준으로 사용되기도 합니다.

수능 + (출결 및 봉사활동) + (면접) + (실기) 등

* (   )는 대학과 학과에 따라 반영 여부 및 비율이 다름을 의미.

학생부교과전형

──────────── 고등학교 내신점수(정량) 위주로 학생을 선발하는 전형. 전국 단위로는 가장 많은 선발인원을 가지고 있지만 상위권 대학으로 갈수록 비율이 줄어드는 추세입니다. 상위 16개 대학 기준으로 가장 적은 인원을 선발하는 전형으로, 내신점수가 당락에 절대적인 전형요소입니다.

내신 + (출결사항) + (수능최저기준) + (면접) + (실기) 등

164

학생부종합전형

——————— 내신점수뿐만 아니라 학교생활기록부 기재 사항과 면접 등을 통해 학생의 학업역량과 발전 가능성, 인성 등을 정성적으로 평가하는 유형. 상위권 대학에서는 가장 많은 신입생을 뽑는 전형이나 학부모들의 이해와 대비가 부족한 상황. 준비 과정이 타 전형에 비해 더욱 더 중요한 전형입니다.

학생부(내신 + 기재사항) + (면접) + (수능최저기준) + (자소서) 등

* 자소서는 2024학년도 대입부터 폐지.

논술전형

———— 해당 학교에서 지정하는 논술 형태의 시험을 치르는 전형. 보통 내신점수와 합산하여 신입생을 선발하지만 상당수의 학교에서 내신 실질반영비율이 높지 않은 편입니다. 각 학교별로 출제 유형에 맞는 준비가 따로 필요하며, 점차 비율이 줄어들고 있습니다.

논술 + (내신 또는 학생부) + (수능최저) 등

📑 필수 입시용어

입시용어는 언뜻 알 것 같다가도 실제 적용하려해보면 잘 모르고 있는 경우가 많습니다. 입시를 준비하면서도 입시세계의 언어인 입시용어를 모르면 제대로 된 이해와 준비가 힘들 수밖에 없겠지요. 한국대학교육협의회와 한국전문대학교육협의회가 운영하는 대입정보포털 '어디가'는 〈대입정보센터〉 메뉴의 〈대입용어사전〉을 통해 표준화된 입시용어를 소개하고 있습니다. 아래 핵심 용어들을 소개해드리니 숙지해두시고, 좀 더 상세한 내용들에 대해서는 어디가 홈페이지(http://adiga.kr)를 참고하시기 바랍니다.

대학입학전형 일반 용어

- **학생부 교과:** 학생들이 각 교과목의 교육과정을 통해서 얻은 학업성취의 수준.
- **내신:** 상급학교 진학과 관련하여 선발의 자료가 될 수 있도록 지원자의 출신 학교에서 학업 성적, 품행 등을 적어 보내는 것, 또는 그 성적.
- **서류작성 금지항목:** 자기소개서에 기재할 경우 서류평가를 '0

점(또는 불합격)' 처리하는 공인어학성적 및 수학·과학·외국어 교과 교외 수상실적 항목. 열거된 항목 외에도, 대회 명칭에 수학·과학(물리, 화학, 생물, 지구과학, 천문)·외국어(영어 등) 교과명이 명시된 교외 경시대회(경시대회, 올림피아드 등) 수상실적을 기재했을 경우에도 '0점'(또는 불합격) 처리됨.

- **수시모집:** 정시모집에 앞서 학생의 다양한 능력과 재능을 반영하여 신입생을 선발하는 방식. 수시모집에 합격하면 정시모집에 지원할 수 없고, 수시모집에 지원자가 미달된 경우 정시모집으로 이월하여 선발.
- **학생부위주전형:** 학생부를 주된 전형요소로 반영하는 전형 유형.
- **학생부교과전형:** 학생부 교과 성적을 중심으로 정량적으로 평가하는 전형.
- **학생부종합전형:** 입학사정관 등이 참여하여 학생부를 중심으로 자기소개서, 추천서, 면접 등을 통해 학생을 정성적으로 종합평가하는 전형.
- **논술위주전형:** 논술고사를 주된 전형요소로 반영하는 전형 유형.
- **수능위주전형:** 대학수학능력시험을 주된 전형요소로 반영하는 전형 유형.
- **고른기회전형:** 교육기회의 불평등을 해소하기 위해 실시하는

전형으로 농어촌 학생 등 법률상 보장되는 정원 외 특별전형과 대학 독자적 기준에 따른 보상 및 배려 차원의 전형 내 특별전형을 말함. 유사용어로 기회균등전형, 고른기회특별전형, 정원 외 전형 등이 있음.

- **정시모집:** 수시모집 이후 대학이 일정 기간을 정해 신입생을 모집하는 선발 방식으로 수능 성적표가 배부된 후 모집 군을 나누어 모집함.

- **입학사정관:** 대학에서 학교생활기록, 인성·능력·소질·지도성 및 발전 가능성 등 학생의 다양한 특성과 경험을 입학전형 자료로 생산·활용하여 학생을 선발하고, 대입전형 관련 연구·개발 업무를 전담하는 전문가.

- **단계별전형:** 입학전형 과정에서 여러 단계를 거쳐 합격자를 선발하는 전형. 유사용어로 다단계전형, 단계별사정 등이 있음.

- **모집군:** 4년제 대학의 정시모집 전형 실시 기간에 따른 구분. 대학 전형일(실기고사, 면접 등)에 따라 '가/나/다'군으로 구분되며 수험생은 군별로 각 한 번씩 총 3번 이내의 지원 기회를 가짐.

- **모집단위:** 대학에서 학생을 모집하는 단위. 주로 학과 단위로 모집을 하며 학부 단위나 계열별로 통합하여 모집하는 경우도 있음.

168

- **최초합격:** 지원한 입학전형에서 최초에 합격한 경우.
- **최종합격:** 입학전형 절차와 단계에 따라 최종합격한 것. 일
  괄합산전형은 별도의 단계를 거치지 않고 전형요소별 반영
  점수의 총점에 따라 최종합격자가 선발되며, 단계별전형은
  단계마다 모집인원의 일정 배수를 선발하고, 마지막 단계에
  최종합격자를 선발함.

평가 관련 용어

- **사정:** 지원자에 대한 심사 및 평가 결과를 바탕으로 선발 여
  부를 결정하는 행위.
- **정량평가:** 객관적으로 수량화가 가능한 자료를 사용하는 평
  가방법.
- **정성평가:** 전형자료를 토대로 평가자가 그 의미를 찾고 해석
  하는 평가 방법.
- **평가요소:** 지원자를 평가하는 기준과 내용. 예) 학업역량, 전
  공적합성, 인성, 발전 가능성, 논리력, 수리력 등.
- **평가항목:** 평가시 고려되는 평가요소의 세부항목. 예) 학업
  역량의 경우 학생부의 등급, 원점수, 수상경력 등, 인성의 경
  우 리더십, 공동체의식, 나눔과 배려, 학생부의 출결사항, 창

의적 체험활동 등.

- **평가기준:** 지원자를 평가하는 구체적인 판단기준. 예) 영어 교과 성적 90점 이상, 1등급, 특정 시험의 합격점수 80점 이상, 전공적합성 탁월, 우수, 보통, 미흡 등

- **대학별고사:** '고사'는 지원자의 학업성적이나 능력을 평가하는 시험을 의미. 대학별고사는 대학이 학생 선발을 위해 자체적으로 시행하는 시험으로 논술, 면접, 적성, 실기고사 등이 있음.

- **심층면접:** 지원자의 자질과 역량을 보다 세밀하고 심층적으로 살피는 면접. 통상 인성뿐만 아니라 수학능력, 창의력, 전공적합성, 자질, 기본 상식 등 심층적으로 평가함.

- **인성면접:** 지원자의 인성을 평가하는 면접.

- **학업역량면접:** 지원자의 학업능력과 수준 등을 평가하는 면접.

- **적성면접:** 지원자의 지원 학과에 대한 동기나 관심, 적성 등을 평가하는 면접.

- **인·적성면접:** 지원자의 인성과 전공에 대한 적성을 평가하는 면접. 예) 교직 인·적성면접, 의대 인·적성면접.

- **구술면접:** 말로 하는 시험. 특정 문제를 출제하여 그에 대한 답변을 통해 평가하는 면접.

- **서류확인면접:** 지원자가 제출한 서류 내용을 확인하는 면접.

- **서류평가:** 대입전형에 사용되는 서류를 활용한 평가(학생부, 자기소개서, 추천서 등). 유사용어로 서류종합평가, 학생부 등

서류종합평가 등이 있음.

- **대학수학능력시험 반영영역:** 수시 최저학력기준이나 정시에서 반영되는 대학수학능력시험 영역. 유사용어로 수능응시지정영역, 수능지정영역이 있음.

- **대학수학능력시험 필수응시영역:** 대학수학능력시험 최저학력기준을 설정할 때나 정시에서 대학수학능력시험 성적을 적용하는 데에 있어서, 성적 반영 여부와 상관없이 반드시 응시하여 결과치를 얻어야 하는 과목.

- **대학수학능력시험 응시영역:** 대학수학능력시험의 다양한 영역 중 수험생이 시험에 응시한 영역.

- **명목반영비율:** 전형요소별(학생부, 서류, 면접, 논술 등) 반영되는 점수로 기재되어 있는 그대로의 비율. 예) 논술 70%+학생부 30%

- **실질반영비율:** 전형요소별(학생부, 서류, 면접, 논술 등)로 전형 총점에 영향을 미치는 실제적인 비율을 의미. 현재는 대부분의 대학에서 전형요소별 반영점수 및 실질반영비율을 함께 기재하고 있음.

- **가산점:** 특정 평가요소, 과목 등에 점수를 부여하는 것. 예를 들어 수학 '가'와 수학 '나' 응시자 모두 지원 가능한 자연계 모집단위에서 수학 '가' 응시자에 가산점을 주는 방식.

- **가중치:** 대입전형에서 특정 학년이나 교과, 영역에 비중을

두어 전형 총점을 계산하는 것.

- **백분위:** 영역/과목 내에서 개인의 상대적 서열을 나타내는 수치. 즉, 해당 수험생의 백분위는 응시 학생 전체에 대한 그 학생보다 낮은 점수를 받은 학생 집단의 비율을 백분율로 나타낸 값.

- **표준점수:** 원점수에 해당하는 점수를 상대적인 서열로 나타내는 점수. 즉, 영역 또는 선택과목별로 정해진 평균과 표준편차를 갖도록 변환한 분포상에서 개인이 획득한 원점수가 어느 위치에 해당하는가를 나타내는 값.

- **변환표준점수:** 각 과목의 난이도와 표준편차를 고려해 산출되는 점수. 표준점수의 변별력을 높이기 위해 산출하는 점수로 대학에서는 주로 탐구 영역의 성적을 반영할 때 사용.

- **환산점수:** 대학 자체의 반영 방식을 통해 산출한 전형 총점. 지원한 대학이 표준점수, 백분위, 대학 자체 변환표준점수 중 어떤 점수를 활용하는지, 영역별 반영비율과 가중치는 어떤지에 따라 입시 결과가 달라질 수 있으므로 확인이 필요함.

기타

- **교차지원:** 본인의 계열과는 다른 모집단위에 지원하는 경우.

172

대학 전형에 따라 교차지원 가능 여부가 다르므로 모집요강이나 대학 입학처에 확인해야 함.

- **복수지원:** 수시모집은 각 대학에 최대 6개 전형 이내로 지원할 수 있으며 이것을 복수지원이라고 함. 해당 대학에서 금지하고 있지 않을 경우, 동일 대학 내 복수지원 가능. 정시모집 역시 모집군 별로 각 1회씩 총 3개의 전형을 지원할 수 있음. 모집기간 군이 다른 대학 간(가/나/다 군)에, 또는 동일 대학 내에서 복수지원 가능. 교육대학은 복수지원 대상에 포함되나 전문대학·산업대학은 제외됨.

- **이월인원:** 모집시기별로 미달 또는 미등록으로 인해 발생한 결원을 다음 모집시기로 이월하여 선발하는 인원. 수시모집에서 미충원된 인원은 정시모집으로 이월하는 경우가 많으므로 정시모집 지원시 확인 필요.

입시 역량을 키우기 위해 부모가 알아야 하는 것들 – 심화편

🗨 대입개편안 바로 알기

지난 2019년 11월 28일 새로운 대입개편안(2024학년도 입시부터 적용)이 발표되었습니다. '대입'개편안이지만 현재 고등학생이 아닌 중학생과 초등 고학년 학생들에게 주로 해당되는 내용입니다. 그렇기 때문에 입시에 아직 익숙하지 않은 초중등 학부모님들은 이번 대입개편안에 나오는 여러 내용들이 더욱 어려울 수 있습니다. 11월 대입개편안의 주요 용어와 그 이면의 뜻을 간략히 정리해보았습니다.

대입정책 4년 예고제

──────────── 입시가 얼마 남지 않은 시기에 대입정책을 바꾸게 되면, 기존 방식대로 성실하게 입시를 준비해온 학생들에게 불이익이 발생하는 등 큰 혼란이 야기되므로, 이를 방지하기 위한 제도입니다. 2019.11 대입개편안은 4년 예고제에 따라 2024학년도(2005년생) 입시가 기준이 됩니다. 그러나 '수능 정시 40% 확대'는 2023학년도부터 해당되며, 2022학년도 입시에서도 정시 비중이 확대될 예정입니다.

정규교육과정 이외의 모든 비교과활동 미반영

──────────────────── 학생부 항목 중 비교과 영역에 해당되는 자율동아리활동, 청소년단체활동, 개인봉사활동, 진로희망분야, 수상경력, 독서활동 등이 모두 대입에 반영되지 않게 되었습니다. 기존 학생부종합전형에서 중요했던 학생부 항목들이 대거 빠지게 되면서 대학들은 변별력 확보 방안을 고심하게 될 것으로 보입니다. 지난 대입개편안에서 이미 방과후학교활동 내용 미기재, 소논문 기재 금지, 봉사활동 특기사항 미기재 등 학생부 반영을 축소한데 이어 이번 개편안에서도 대거 축소, 폐지되었습니다. 결국, 교과 내신과 세부능력 및 특기사항 그리고 면접이 더욱 더 중요해질 것이며, 학종에서

당락을 가르는 가장 핵심적인 전형요소가 될 것으로 보입니다.

자기소개서 단계적 폐지

- 21학년도, 자소서 기재금지사항 검증 강화
- 22학년도~23학년도, 문항 및 글자 수 축소
- 4개 문항 5,000자에서 3개 문항 3,100자로 축소
- 24학년도, 자기소개서 전면 폐지

지난 개편안을 통해 교사추천서가 폐지(22학년도)되었고, 이번 개편안에서는 학생부종합전형의 중요한 한 축이었던 자기소개서까지 결국 폐지하기로 결정되었습니다. 2023학년도까지는 검증 강화 및 글자 수 축소로 진행되다가 2024학년도 입시부터는 전면 폐지됩니다. 자소서가 폐지되면 대학에서는 면접을 더욱 강화할 것으로 예상됩니다.

정시 수능위주전형 확대

23학년도까지 수능정시 40% 이상으

로 확대, 22학년도는 작년 대입개편안에서 30%로 발표되었으나 그 이상으로 확대될 예정입니다(40%로 조기유도 방침). 해당되는 대학은 서울 소재 16개 대학이며, 선정 기준은 학종 및 논술전형 위주로 학생들을 선발하고 있는 대학입니다.

> 대상 대학: 건국대, 경희대, 고려대, 광운대, 동국대, 서강대, 서울시립대, 서울대, 서울여대, 성균관대, 숙명여대, 숭실대, 연세대, 중앙대, 한국외대, 한양대

수능정시가 40%로 확대되면 수시이월인원까지 포함하여 전체 모집정원의 절반에 육박하게 됩니다. 이는 단순히 비중만 늘어난다는 의미가 아닙니다. 입시의 판도가 바뀌게 되는 것으로 기존 입시에서는 학종이 1순위였고 수능이 2순위였다면, 이제는 수능과 학종이 공동 1순위가 된다는 것을 의미합니다(대학별 상이). 기존에는 학종을 포기하고 최상위권 대학을 수능만으로 노려보는 것이 학종 대비(내신, 비교과 등)가 부족한 학생들의 차선책이었다면, 앞으로는 전략적 선택지로서 초기부터 수능에 전념하는 학생들이 늘어날 것으로 보입니다.

고교프로파일 폐지

──────── 출신 고교를 확인할 수 없도록 고교 정보를 블라인드 처리합니다. 이를 통해 서류평가와 면접평가 모두 블라인드 전형이 되는 셈입니다. 또한 고등학교에서 대학에 제출하는 학교 소개서인 고교프로파일을 폐지해 고교 정보를 원천 차단하겠다고 합니다. 경쟁력을 갖춘 학생이 일반고 진학으로 불이익을 당할 가능성을 방지한다는 장점이 있으나, 대학 입장에서는 학생의 교내 학업활동을 깊이 있게 이해하기 힘든 측면도 있습니다. 이에 대학은 면접을 통해 학생의 역량을 더욱 깊이 확인하려 들 것입니다.

세부능력 및 특기사항의 중요성 크게 증가

──────────────── 정규교육과정 이외의 모든 비교과활동이 폐지되면 그렇지 않아도 영향력이 큰 '세특'의 중요성은 더욱 커지게 됩니다. 학종에서 가장 중요하게 평가하는 교과실력은 우선 내신점수를 통해 확인하지만, 각 교과목 선생님들이 학생의 교과활동을 상세히 기술해주는 항목인 세특을 통해서도 심층 검토합니다. 비교과가 없어지면 학생부를 통해 확인할 수 있는 내용이 적어지기 때문에 객관적이고 정량적인 요소인 내신점수와 교과 역량을 추가로 확인할 수 있는 세

특의 중요성이 자연스럽게 증대될 수밖에 없습니다. 그러나 문제는 학교별로 세특 기재 상황이 매우 다르다는 데 있습니다. 일부 학교는 아예 기재해주지 않는 경우도 있어서 교육부에서 표준안을 마련하기로 했으나, 부모님들도 자녀의 고교 선택 시 판단기준으로 삼고 면밀히 검토할 필요가 있습니다.

🗨 우리 아이 성적표 바로 읽기

아이의 성적을 잘 이해하고 또 분석할 줄 알아야만 더 나은 성적을 위한 대비를 할 수 있습니다. 학년이 올라갈수록 성적표에 나오는 개념들이 조금씩 어려워지니 이 또한 공부해두시기를 추천드립니다.

초등학교 성적표
──────────── 초등학교 성적표는 '생활통지표'로 제공됩니다. 각 초등학교에서 사용하는 성적통지표의 실제 양식은 학교 상황에 따라 다양하며 '성적표'에 해당하는 교과 평가는 과목별 평가 내용에 대해 4단계 척도(매우 잘함 - 잘함 - 보통 - 노력 요함) 또는 3단계 척도(매우 잘함 - 잘함 - 보통)로 표시합니다. 이러한 결

과는 동그라미와 같은 기호로 표시되기도 합니다(매우잘함 ◎, 잘함 ○, 보통 △ 등)

따라서 정확한 점수나 아이의 상대적인 수준을 파악하기보다는 장점 과목은 칭찬해주고, 단점 과목은 보충하는 기준으로 삼으셔야 하며, 자세한 아이의 학교생활과 평가가 궁금하시면 학기말에 제공되는 과목별 '학기말 종합의견'을 참조하시기 바랍니다.

중학교 성적표

──────── 중학교 성적표는 '성적통지표'로 제공됩니다. 중학교의 성적통지표 또한 각 학교의 실제 양식은 학교 상황에 따라 다양한데요, 하지만 초등학교 생활통지표의 교과평가와는 달리 평가가 '과목 성적'으로 점수화된다는 점에서 차이가 있습니다. 내 아이의 성적은 다음 표와 같이 각 과목의 지필과 수행평가를 구분하고 각 평가에 대해 만점과 받은 점수, 과목 전체의 합계 점수, 성취도, 원점수와 과목 평균 등으로 살펴볼 수 있습니다. 각 항목에 새로 등장하는 개념들은 다음 설명을 참고하시면 더 이해하기 쉬우실 겁니다. 중학교 성적은 성취평가제를 기본으로 하고 있는데요, 성취평가제는 상대적 서열에 따라 누가 더 잘했는지를 평가하는 것이 아니라 학생이 무엇을 어느 정도

성취하였는지를 평가하는 제도입니다. 따라서 중학교 과목 성적에는 상대적 등수가 기재되지 않습니다. 대신에 국가 수준의 교육과정에 근거하여 개발된 교과목별 성취기준을 준거로 하여 배운 내용에 대해 학생들이 어느 정도 성취했는가를 A-B-C-D-E(또는 A-B-C/P*)로 평가하고 있습니다. 절대평가라고 이해하셔도 좋습니다.

* P: 통과(pass)를 의미.

중학교 실제 성적표 예시

과목	지필/수행	고사/영역명 (반영비율)	만점	받은 점수	합계	성취도 (수강자 수)	원점수/과목평균 (표준편차)
국어	지필	1학기 중간고사(37.5%)	100.00	93.00	87.75	B(238)	88/79.9 (12.5)
	지필	1학기 기말고사(37.5%)	100.00	85.00			
	수행	자기 의견 쓰고 말하기 (12.5%)	12.50	10.00			
	수행	찬반 토론 참여하기 (12.5%)	12.50	11.00			

• **과목**

이번 학기에 평가를 실시한 과목 명을 기재합니다.

• 지필/수행

지필평가는 통상적으로 알고 있듯이 중간/기말고사를 의미하며 수행평가는 교사가 학생들의 과제 수행 과정과 결과를 직접 관찰하여 성취도를 전문가적 판단에 의하여 결정하는 평가입니다. 각 학교의 지필평가와 수행평가의 범위와 영역, 시행 방법, 시행 횟수, 평가기준과 평가 유형별 성적 반영비율 등을 개별 학교 수준에서 결정하도록 규정하고 있으며 지필평가의 하위 유형별 비율 및 수행평가의 비율도 별도로 규정합니다.

• 고사/영역명(반영비율)

지필평가의 중간고사와 기말고사, 수행평가의 자기 의견 쓰고 말하기, 찬반토론 참여하기 등 다양한 평가를 의미합니다. 각 고사의 반영비율 합산은 과목별로 학기당 100%입니다.

> 예)
> 지필(중간고사) 37.5 +지필(기말고사) 37.5 + 수행(자기 의견 쓰고 말하기) 12.5 + 수행(찬반토론 참여하기) 12.5 = 100

• 만점

각 고사에서 주는 최고점입니다.

• 받은 점수

각 고사에서 개별 학생이 받은 점수입니다.

• 합계

개별 학생의 다양한 평가별 점수에 반영 비율을 고려[(받은 점수/만점) × 반영비율]하여 합산한 점수입니다.

예)

$$(\frac{93}{100}\times37.5)+(\frac{85}{100}\times37.5)+(\frac{10}{125}\times12.5)+(\frac{11}{125}\times12.5)=87.75$$

• 성취도(수강자수)

성취도는 원점수에 따라 아래와 같이 평가합니다. '원점수'는 학생들의 다양한 평가별 점수에 반영 비율을 고려하여 합산한 점수(합계)를 말하며, '성취도'는 그러한 원점수를 성취평가제의 성취기준에 따라 판정한 후 학생의 성취수준에 따라 A-B-C-D-E 등급을 부여한 것을 말합니다. 성취도는 과목별로 학기 단위로 산출됩니다. 수강자수는 매 학기말 성적 산출 시점을 기준으로 해당 과목을 수강한 학생 수를 의미합니다.

성취율(원점수)	성취도
90%이상 (90점 이상)	A
80% 이상 ~ 90% 미만 (80점 이상 90점 미만)	B
70% 이상 ~ 80% 미만 (70점 이상 80점 미만)	C
60% 이상 ~ 70% 미만 (60점 이상 70점 미만)	D
60% 미만 (60점 미만)	E

• 원점수/과목평균(표준편차)

원점수는 지필평가 및 수행평가의 반영비율 환산점수 합계를 소수 첫째 자리에서 반올림하여 정수로 기록합니다. 과목평균, 표준편차는 원점수를 사용해서 계산하는데, 이때 소수 둘째 자리에서 반올림하여 소수 첫째 자리까지 기록합니다.

$$\text{표준편차} = \sqrt{\frac{(\text{A학생의 원점수}-\text{과목평균})^2+(\text{A학생의 원점수}-\text{과목평균})^2}{\text{수강자수}}}$$

• 표준편차

표준편차는 평균을 중심으로 분포되어 있는 정도를 계산하는 지표입니다. 예를 들어 국어 평균이 79.9점이고 표준편차가 12.5라면, 평균점수에서 표준편차를 뺀 67.4점에서 평균점수에서 표준편차를 더한 92.4점 사이에 238명의 수강자 중 60%가 분포되어 있다는 의미입니다.

184

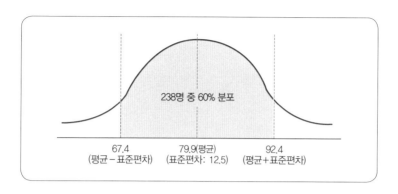

238명 중 60% 분포

| 67.4 | 79.9(평균) | 92.4 |
| (평균－표준편차) | (표준편차: 12.5) | (평균＋표준편차) |

고등학교 성적표

──────────── 고등학교 성적표는 '과목별성적일람표'로 제공됩니다. 각 고등학교에서 사용하는 과목별성적일람표의 실제 양식은 초/중학교와 동일하게 학교 상황에 따라 다양하며 중학교의 '성적통지표'와 기본적으로 동일하지만, 여기에 각 과목의 석차(동석차수)와 석차등급이 표기되는 것이 차이점입니다. 2015 개정교육과정 이후로 보통교과 및 전문교과과목은 다음 성적표 양식을 사용하고, 2학년 이후의 진로선택과목은 석차와 석차등급은 표기하지 않는 양식으로 분리하여 기재하고 있습니다.

고등학교 실제 성적표 예시

과목	구분	고사/영역명 (반영비율)	만점	받은 점수	합계	원점수	성취 도	석차 등급	석차 (동석차 수/수강 자수)	과목 평균 (표준 편차)
독서 와 문법	지필	기말고사 (75.00%)	100.00	73	73.75	74	C	5	192 /420	88/79.9 (12.5)
	수행	소설 이어서 쓰기 (25.00%)	25.00	19.00						

• 석차

과목별 석차 기준점수는 매 학기별로 과목별 지필평가 및 수행평가의 반영비율 환산점수 합계를 소수 셋째 자리에서 반올림하여 산출합니다. 또한 성적 산출을 위한 수강자수는 매 학기말 성적 산출 시점을 기준으로 해당 과목을 수강한 학생수로 한 후 전체 등수를 산정합니다.

• 석차등급

석차등급은 석차순에 따라 다음과 같이 부여합니다. 예를 들어, 수강자수가 100명일 경우 1등에서 4등까지 1등급, 5등에서 11등까지는 2등급이 됩니다.

석차등급	석차누적비율
1등급	~ 4% 이하

186

2등급	4% 초과 ~ 11% 이하
3등급	11% 초과 ~ 23% 이하
4등급	23% 초과 ~ 40% 이하
5등급	40% 초과 ~ 60% 이하
6등급	60% 초과 ~ 77% 이하
7등급	77% 초과 ~ 89% 이하
8등급	89% 초과 ~ 96% 이하
9등급	96% 초과 ~ 100% 이하

나이스 학부모서비스를 활용한 성적표 확인법

———————————————————— '나이스 대국

민서비스'는 교육부와 시도교육청, 각급 학교에서 관리하는 교육

관련 행정정보를 온라인상에서 누구나 편리하게 확인하고 이용할

수 있는 포털 서비스입니다. 학부모 서비스는 서비스 신청(자녀 등

록) 후 학교에서 승인(담임교사)을 해주어야만 자녀의 정보 조회가 가능하니 미리 신청해두시기 바랍니다. https://www.neis.go.kr/

학생 서비스

매 학기 성적, 정오답표, 학교생활기록부 등 본인의 학교생활 정보를 확인하고 창의적 체험활동 기록 등도 간편하게 이용할 수 있는 서비스입니다.

학부모 서비스

학교를 직접 방문하지 않아도 생활기록부 등 자녀의 학교생활 자료들을 한눈에 파악할 수 있습니다.

홈에듀 민원 서비스

교육 관련 증명서를 가정에서 편리하게 신청하여 발급받을 수 있습니다.

📋 학교생활기록부 바로 알기

대입 준비의 시작점은 바로 '학교생활기록부'입니다. 고등학교 생활의 모든 것이 이 하나의 서류에 들어가 있기 때문이죠. 수시

학생부전형 특히, 학생부종합전형은 학생부 관리가 입시 준비의 대부분이라고 해도 과언이 아닙니다. 따라서 고등학교 학생부가 어떻게 구성되어 있는지 잘 알고 있어야 아이도 부모도 필요한 노력과 관리를 제대로 할 수 있게 됩니다.

학교생활세부사항기록부(학교생활기록부)

졸업 대장 번호					
학년＼구분	학과	반	번호	담임 성명	사진 3.5 X .4.5CM

1. 인적,학적사항

졸업 대장 번호	성명:	성별:	주민등록번호:
	주소:		
학적사항			
특기사항			

2. 출결상황

학년	수업일수	결석일수			지각			조퇴			결과			특기사항
		질병	미인정	기타	질병	미인정	기타	질병	미인정	기타	질병	미인정	기타	

3. 수상경력

학년	수상명	등급				
1	1					
	2					
2	1					
	2					
3	1					

4. 자격증 및 인증 취득상황

구분	명칭 또는 종류	번호 또는 내용	취득연월일	발급기관

5. 창의적 체험활동상황

학년	창의적 체험활동		
	영역	시간	특기사항
	자율활동		
	동아리활동		
	진로탐구활동		

학년	봉사활동실적				
	일자 또는 기간	장소 또는 기관명	활동내용	시간	누계시간

6. 교과학습발달상황

[1학년]

학기	교과	과목	단위수	원점수/ 과목평균 (표준편차)	성취도 (수강자수)	석차등급	비고
이수단위합계							

과목	세부능력 및 특기사항

7. 독서활동상황

학년	과목 또는 영역	독서활동상황

8. 행동특성 및 종합의견

학년	행동특성 및 종합의견

학교생활기록부 비교과 영역 기재 방식의 변화

	2002년생 (2021학년도 대입)	2003, 2004년생 (2022·2023학년도 대입)	2005생부터 (2024학년도 대입부터)
자율활동	연간 500자	연간 500자	연간 500자
동아리 활동	연간 500자	연간 500자	연간 500자
	정규·자율동아리	자율동아리는 연간 1개만 기재	자율동아리 대입 미반영
	청소년단체활동· 스포츠클럽활동 기재	청소년단체활동은 단체명만 기재	청소년단체활동 미기재
	소논문 기재 가능	소논문 기재 금지	소논문 기재 금지
봉사활동	연간 500자	특기사항 미기재	특기사항 미기재
	실적 및 특기사항	교내·외 봉사활동 실적 기재	개인봉사활동 실적 대입 미반영, 단 학교에서 교사가 지도한 실적은 반영
진로활동	연간 700자	연간 700자	연간 700자
		진로희망 분야 대입 미반영	진로희망 분야 대입 미반영
수상경력	모든 교내수상	교내수상 학기당 1건만 대입 반영	대입 미반영
독서활동	도서명과 저자	도서명과 저자	대입 미반영

* '미기재'는 학생부에서 삭제, '미반영'은 기재는 하지만 대입 자료로 쓰지 않음을 의미.

학교생활기록부(이하 '학생부')에는 해당 학생의 교과 성적과 과목별 선생님, 담임선생님의 학생에 대한 평가, 학교활동 중 학생이 경험한 비교과활동까지 학교생활의 모든 내용이 기재되어 있습니다. 이처럼 학생에 대해 평가할 수 있는 중요한 요소들이 기재되어 있기 때문에 대입에서 가장 중요하게 평가되는 서류인데요, 그래서 대학 입시에서 높은 비중을 차지하고 있는 학생부종합전형에서 주로 평가하는 학생부의 교과, 비교과 요소들의 공정성에 대해 끊임없는 논란이 지속되고 있습니다. 이에 따라 2019년 11월에 교육부에서 발표한 대입개편안에는 2024학년도 대입부터는 교과과정과 무관한 비교과 영역을 제외하고, 교과연계활동까지만을 대입에 반영하겠다는 내용이 담겨 있습니다. 하지만 학년별로 적용 시기와 범위가 다르기 때문에 학부모님들께서는 교육부가 발표한 학생부 기재 방식의 변화를 정확히 이해한 후 자녀에게 해당되는 방식이 무엇인지 지금부터 살펴보시고 미리 준비해야 합니다. 학생부 기재 방식의 변화는 크게 기재 항목의 변화와 글자수 변화로 나누어볼 수 있는데요, 교과 영역보다는 비교과 영역의 변화가 크니 그 부분을 잘 살펴보시기 바랍니다.

기재 항목 변화

학생부 비교과의 대표적인 부분이라 할 수 있는 '창의적 체험활동 상황' 전반에 큰 변화가 있습니다. 먼저 '동아리활동'은 2021학년도 대입까지는 정규동아리와 자율동아리 모두를 학생부에 기재할 수 있었지만, 자율동아리가 사교육 및 외부의 영향력이 미칠 수 있다는 지적이 끊이지 않자 축소·폐지됩니다. 2022학년도부터 2년간은 연간 1개(최대 6개)만 기재하고 그마저도 동아리명과 간단한 동아리 설명처럼 객관적으로 확인 가능한 사항만 기재할 수 있습니다. 2024학년도부터는 아예 자율동아리 기재 부분을 대입에 반영하지 않기로 했습니다. 또한 공정성 논란이 계속되어오던 '소논문'은 2021학년도 대입을 끝으로 학생부 어느 항목에도 기재 자체를 금지합니다. '봉사활동'은 2021학년도까지는 실적 및 특기사항을 모두 기재할 수 있고, 2022학년도부터 2년간은 봉사활동의 실적만을 기재하고, 2024학년부터는 개인봉사활동 실적은 대입에 미반영, 교내에서 교사가 지도한 실적만 반영됩니다. '진로활동'에서는 '진로희망사항'을 학생부 항목에서 완전히 삭제하는 대신 '창의적 체험활동상황'의 '진로활동' 특기사항에 기재할 수 있었던 것을 2022학년도부터는 전면 미반영하기로 하였으니 이 부분 꼭 체크하셔야 합니다. 또한 과도한 경쟁과 사교육 유발 요소이기도 했으며 일부 학생들에게 몰아주기식 수상을 남발하는 학교에 대한 논란이 계속되었던 '수상경력' 분야도 (현재는 모든 교내수상을 학생부에 기재하고 있습니다만) 2022학년도부터는 교내수상을 학기당 1건만 반영하고 2024학년도부터는 아예 모든 수상경력을 대입에 반영하지 않습니다. 마지막으로 '독서활동'의 경우에는 2023학년도까지는 도서명과 저자를 간략하게 기재할 수 있지만 2024학년도부터는 대입에 미반영되는 것으로 발표되었습니다.

글자수 축소

교육부는 2018년 2022학년도 대입개편안을 발표하면서 학생부 기재 부담 완화와 교사 간 기재 격차를 완화시키기 위해 학생부의 각 항목별 특기사항에 기재되는 글자수를 축소하기로 발표하였습니다. 특히 창의적 체험활동상황 특기사항은 기존 3000자 분량에서 2022학년도부터는 1,700자로 분량이 대폭 축소되었는데요, 그중에서도 봉사활동은 특기사항은 기재하지 않고 실적만 기재하는 것으로 변경되었습니다. 또한 담임선생님이 기재하는 행동특성 및 종합의견 항목도 기존 1,000자에서 500자로 작성 분량이 절반 가량 줄어들었습니다.

이와 같이 점차적으로 학생부 기재항목이 축소, 폐지되고 분량이 축소됨에 따라 실제 학생부종합전형에서 서류평가의 변별력은 크게 감소될 것으로 예상됩니다. 특히 전공적합성과 학업적 우수성을 평가하는 데 있어 주요 항목이었던 수상경력, 진로희망사항, 자율동아리, 소논문 등의 기재가 제한되거나 미반영됨에 따라 실제 대입에서는 이와 관련한 면접의 중요성이 크게 확대될 가능성이 높습니다. 하지만 학생부에 미기재되거나 대입에 반영되지 않는다고 해서 이 부분을 간과해서는 안 될 것입니다. 오히려 면접을 위한 깊이 있는 학습과 대비가 더욱 중요해질 것으로 보입니다.

입시 역량 키우기 실천 가이드

입시정보를 표면적으로 알고 있다 해서, 입시 역량이 생기지는 않습니다. 직접적인 경험과 실천이 따라줘야만 입시를 좀 더 깊고 입체적으로 이해할 수 있게 됩니다. 입시 역량을 키우기 위해 우선 학부모님께서 꼭 실천해야 할 고입 및 대입정보 탐색의 두 가지 실천 방법을 소개해드립니다.

1. 고입정보포털 즐겨찾기 하기

외고, 국제고, 자사고의 일반고로의 전면 전환(2025년)이 발표되었습니다. 이에 따라 과학고와 영재학교가 더욱 주목받고 있으며, 또한 여러 정책적 변화에 따라 일반고 선택이 더 중요해졌습니다. 예전보다 고교 선택을 위한 정보가 더 중요한 시점이므로 학부모들에게도 '고입정보포털'을 통해 고교입시에 대한 기본적인 정보를 파악해두시는 것이 필수입니다. http://www.hischool.go.kr

2. 고교입시정보 탐색하기

고교입시정보
정확한 입학정보! 신나는 학교선택!

고교입시정보　　고등학교유형　　학교정보조회　　시도별입시정보

〈고교입시정보〉 메뉴에서 우선 일반고, 특목고, 특성화고, 자율고, 기타 학교 등 고등학교 유형에 대한 자세한 설명을 볼 수 있습니다. 특히 〈학교정보조회〉에서 우리 지역 학교를 한 번 검색해보기를 추천드리는데요, 지역과 학교 유형, 남녀구분, 교과 중점 여부(과학중점, 글로벌융합 등) 등을 체크하면 우리 지역의 고등학교들을 쉽게 구분하여 찾아볼 수 있습니다. 각 학교의 이름이 검색되면 학교 홈페이지와 학교알리미로 바로 갈 수도 있어 손쉽게 보다 자세한 정보를 살펴보실 수 있습니다. 또한 시도별 고입전형(모집 시기, 지원 전략 등)이 약간씩 다르기 때문에 이에 대한 확인이 필요한데요, 이럴 때 필요한 각 교육청에서 제공하는 정보들도 〈시도별 입시정보〉에서 쉽게 찾아볼 수 있습니다.

3. 자기주도학습전형 살펴보기

현재 외국어고, 과학고, 국제고, 자사고, 일부 일반고에서 시행중인 '자기주도학습전형'에 대한 안내와 자기주도학습에 대한 정보들을 얻을 수 있는 공간입니다.

4. 입시정보 관련 사이트 즐겨찾기 하기

교육부나 산하기관, 각 시도교육청에서 운영하는 다양한 교육 사이트들을 한 눈에 살펴볼 수 있는 곳입니다. 우선 우리 지역 교육청, 그 외 필요한 사이트를 탐색해보시고 유용하다 생각되는 사이트는 꼭 즐겨찾기 해두시길 추천드립니다. 3개월에 한 번

씩은 업데이트 된 내용을 확인하셔야 합니다.

📋 STEP2 대입정보 탐색을 통해 진로, 대학을 준비하자

1. 대입정보포털 '어디가' 즐겨찾기 하기

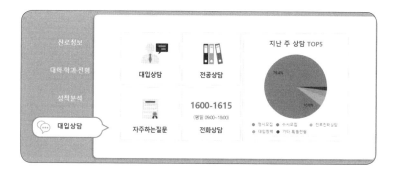

대입정보포털의 또 다른 이름은 '어디가'입니다. 고교입시보다 훨씬 다양하고 복잡한 성격을 띠고 있기 때문에 그만큼 정보의 중요성도 더욱 큰데요, 총 네 가지의 정보 유형과 이용 방법, 그외 추천하는 정보들에 대해서 소개해드리겠습니다. 대입정보는 학부모뿐만 아니라 아이도 고1 입학 전까지는 제대로 학습해두어야 하는 필수 정보입니다. 2장 자기주도학습 역량 파트와 4장 진로 역량 파트에서 소개한 것처럼 진로진학목표만큼 아

이의 학습을 독려하는 것은 없기 때문이지요. http://www.adiga.kr

2. 진로정보 찾기

사실 입시 역량에 선제되어야 할 것이 진로 역량입니다. 그래서 '어디가'에서도 첫 번째 단계를 〈진로정보 찾기〉로 소개해놓았는데요, 메인 페이지의 진로정보 검색창에 내가 관심 있는 직업을 입력하면 워크넷과 연동하여 자세한 직업정보, 직업심리검사까지 할 수 있습니다.

202

3. 대학·학과 전형 살펴보기

관심 있는 진로와 직업을 찾았다면 그 다음 정보 탐색 단계는 당연히 대학과 학과를 찾아보는 것입니다. 메인 페이지의 대학·학과·전형 검색창에 대학 이름이나 학과 이름을 입력하면 전국에 있는 대학교들의 정보를 한눈에 보여줍니다. 예를 들어 "심리학과, 서울"이라고 입력하면 서울에 위치한 대학교 중 심리학과가 개설된 학교의 리스트가 보이고, 입학정원과 작년도 경쟁률,

입시결과까지 보여줍니다. 또한 비교하기 버튼을 통해 최대 세 개까지의 대학의 정보를 비교해서 학교정보, 전형정보, 학생부종합전형, 대입특징 카테고리로 구분해볼 수 있습니다.

4. 성적 분석

자녀가 고등학교 3학년 학생이라면 정말 유용한 서비스입니다. 대입 지원 전 커트라인 정보에 목마름을 느끼셨던 학부모님들은 이 서비스가 얼마나 큰 도움이 되는지 잘 아실 겁니다. 우

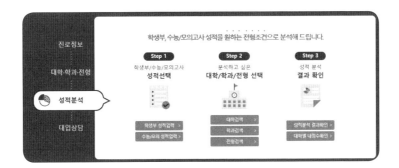

리 아이의 수시, 정시 지원전형, 학생부 성적, 수능 성적 등을 입력하고 목표 대학과 학과, 전형 등을 체크하여 분석해보면 전년도 입시 결과를 바탕으로 비교 결과를 알려줍니다. 다만, 보통 각 대학에서는 최종 최저합격자의 기준이 아니라 최종 등록자의 70%에 해당하는 점수를 공개해놓기 때문에 분석된 결과를 100% 신뢰하는 것은 위험합니다. 하지만 어느 정도의 판단 기준으로 활용하실 수는 있습니다. 또 한 가지 주의할 것은 내신 및 수능 성적만으로 모든 전형을 설명할 수는 없으므로 학생부 교과나 정시전형 등 일부를 제외하고는 변수가 많이 있다는 점을 감안하여야 한다는 것입니다.

5. 대입 상담

학습진단분석 결과를 출력하여 재학중인 학교의 담임선생님

또는 진로진학 담당 선생님과 자세한 대입상담도 가능하며 사이트 내 온라인 상담 서비스나 전화상담 서비스를 활용하여 전문 상담도 하실 수 있습니다.

책 읽은 후 부모 숙제

1. 입시 역량과 관련된 대입전형과 전형요소, 대학을 가는 네 가지 방법, 학교생활기록부, 입시용어, 대입개편안, 성적표 읽는 방법 등을 숙지하고 자주 복습하기

2. 중등 이상의 아이와 입시와 관련된 주제로 자주 대화해보기(단, 이상적인 목표 주입과 같은 방식이 아닌, 현실적이고 탐색의 단계의 정보 공유에 한정).

3. 고입정보포털을 통해 기본적인 '고교' 정보를 직접 찾아보고 특히 우리 지역 학교에 대한 입시 정보(일정, 지원방식 등)를 찾아 기록해두기

4. 대입정보포털을 통해 입시 심화 정보들(진로, 학과, 대학, 전공 등)을 찾아보고 기록해두기. 특히 고1 이상의 아이와는 반드시 대입 정보를 공유하고 자주 이야기를 나누어야 함

6장

아이의 미래를 바꾸는
고등학교 선택 역량

고등학교 선택 지형이 크게 달라지고 있습니다. 2015 개정교육과정의 선택과목, 고교학점제, 수행평가, 자사고/외고/국제고 폐지 등 여러 교육 이슈 때문에 고교 선택의 중요성은 더욱 커져가는 상황입니다. 이런 변화는 단지 특목고와 일반고 사이에서의 선택만이 아니라 일반고 사이에서의 선택에 더 큰 중요성을 부여하고 있습니다. 교과실력과 학습성향, 진로진학 목표 등 학생 개별의 요소들이 자신에게 알맞은 고등학교를 통해 꽃을 피울 수 있어야만 대입에서 성공을 이뤄낼 수 있기 때문입니다. 이 역시 부모에게 필수적인 역량이지요. 그럼에도 불구하고, 우리 지역 일반고에 대한 정보조차 제대로 파악하고 있지 않는 경우가 많습니다. 고교 선택이 아이의 대입 성패를 크게 좌우하는 만큼 부모님부터가 고교 정보 및 선택 기준 그리고 관련 정보 파악에 심혈을 기울여야 할 것입니다.

명문고 진학이
주영에게서 빼앗아간 것들

과학고 VS 자사고 VS 일반고, 주영이의 행복한 고민

———————————————————————— 전국단

위 모집인 A자사고 3학년 김주영. 경기권 소도시에 위치한 B중학교 3학년 때까지 전교 3등 밖으로는 나가본 적이 없을 정도로 우수한 성적의 주영이는, 당시 학교에서 운영하는 방과후 특별반인 '수학심화탐구반'의 유일한 여학생이자 B중학교 개교 이래 과학고 입학이 기대되는 최초의 여학생이기도 했습니다. 중2 겨울방학, 과학고 준비를 시작해야 할 시점이 되자 주영이네의 본격적인 고민이 시작됩니다. 내신 성적으로는 충분히 과학고 지원이 가능하다고 하고 주영이 본인도 수학을 매우 좋아하지만, 순수 이공계 쪽이 아닌 의대를 지망하는 주영이가 과연 과학고에 지원하는 것이 옳은 선택이냐 하는 것이죠. 치열한 고민 끝에 주영이는 과학고 준비를 하는 대신에 A자사고에 지원하기로 했고, 중등 내신과 학생부, 똑부러지는 면접 준비로 자기주도학습 전형을 무난히 통과, 과학고 못지 않은 A고에 진학하여 학교와 부모를 모두 기쁘게 하였습니다. 합격 통보를 받던 그날이 다가올 3년여의 시간 중 가장 기쁜 날이었다는 것을 모른 채요.

자사고 1학년 1학기, 현실의 시작

———————————————— 주영이 부모님은 자랑스러운 딸이 고등학교에 진학해서도 큰 변화 없이 잘해나갈 것이라고 믿어 의심치 않았습니다. 하지만 그 기대는 첫 시험에서부터 무너지기 시작했죠. 주영이의 고1 3월 첫 모의고사 성적은 반 35명 중 23등. 전교 23등이 아니고 반에서 23등이라니 주영이에게도 부모님에게도 충격적인 결과였습니다. 하지만 그건 A고의 특성상 매우 작은 점수 급간 사이에 많은 아이들이 몰려 있다 보니 어쩔 수 없는 결과였고, 반 등수와 전교 등수는 처참하지만 전국 단위에서는 여전히 상위권 성적이었습니다. 주영이는 그동안 자신이 우물 안 개구리였음을 어느 정도 인정하고 모범생답게 내신 대비를 위해 지금부터라도 열심히 준비해서 중간고사에서는 좋은 성적을 내겠다고 결심을 합니다.

그런데 중학교 때보다 훨씬 열심히 공부해도 성적은 쉽게 오르지 않았습니다. 아니 입학 전 예비소집 때 들었던 얘기처럼 고1 첫 시험 성적이 고착화되는 것만 같았지요. 그동안 잘한다고 생각했던 수학이 중간고사에서 7등급, 밤을 새고 몇 번이나 코피를 터트렸음에도 기말고사에서도 한 등급이 겨우 올랐을 뿐입니다. 알고 보니 유명 자사고인 A고에는 영재고, 과학고를 준비하며 엄청난 수학 선행과 심화를 하고 온 학생이 정말 많았는데 그 아이들을 보니, 중등 내신이 좋고 수학을 좋아한다고 해서 무턱대고 과학고를 준비하려 했다니 자신이 입시를 너무 몰랐구나 생각이 들었습니다. 게다가 학생부 종합전형이 대세이다 보니 학교에서는 최상위권 대학 진학을 위해 수업 시간이든 그 외의 시간이든 교과와 관련된 여러 가지 동아리활동, 프로그램들을 잔뜩 열어놓고 학생들의 참여를 독려합니다. 주영이가 학종을 잘 몰랐을 때는 내신이 불리해도 교내활동을 열심히 하면 학종 전형으로 대학을 잘 갈 수 있다고 생각했었지만 고1 중반을 넘어가는 시점에서는 그동안 자신이 큰 착각에 빠져 있었다는 사실을 깨닫게 됩니다. 교내활동도 교과 성적이 뒷받침되어야 한다는 아주 기본적인 학종 상식도 모르고 있었다는 것을 말이지요.

시간을 되돌릴 수만 있다면…

──────────────── 그 이후로도 성적은 달라지지 않았고 지친 주영이는 2학년 1학기가 지나자 내신 성적을 잘 받아보겠다고 애쓰던 모든 노력을 놓아버렸습니다. 아무리 발버둥을 쳐봐도 성적은 제자리. 공부를 열심히 하면 할수록 점점 더 자괴감만 들었기 때문입니다. 그나마 이 학교에서 주영을 버티게 해준 것은 (아주 자세하게 서로의 성적을 오픈하진 않았기 때문에 가능한) 비슷비슷한 성적의 친구들, 그리고 소소한 즐거움을 주는 동아리활동뿐이었지요. 중학교 때는 온 학교의 관심의 대상이었던 자신이 고등학교에 입학해서는 평범한 학생으로 선생님이고 친구들에게 큰 존재감을 보이지 못한다는 사실도 주영이의 자존심에 큰 상처를 입혔습니다. 2달에 한 번씩 진행하는 전국 모의고사 성적과 등급이 주영이가 부여잡고 있는 마지막 자존심이었습니다.

이렇게까지 내신이 안 좋으니 자퇴하고 수능 정시를 준비하는 것도 생각해보았지만, 타고난 모범생에, 학교에서 만난 친구들과의 관계, 그리고 A고 출신이라는 타이틀 때문에 그 선택도 쉽지는 않았습니다. 이제 주영이에게 남은 선택지는 내신을 모두 버리고 수능에 올인하는 전략뿐입니다. 하지만 수능까지 남은 고교생활에는 해야 할 것들이 너무나도 많았습니다. 내신을 버린다고는 했지만, 수능과 내신 어느 하나에도 온전히 집중하지 못한 채로 2,3학년을 보내고 어느덧 수능을 맞이한 주영이. 가채점을 하고 배치표를 보니 경희대 및 전국 상위권 수준의 대학을 지원할 수 있었습니다. 경희대 자연계 캠퍼스가 서울이 아니라서 싫다고 말했지만, 사실은 주영이가 재수를 고민하는 진짜 이유는 따로 있습니다. 바로 다른 친구들의 진학 결과였죠. 시험은 끝났지만 여전히 A고의 그늘에서 벗어나지 못하는 주영이를 보며 부모님은 깊은 상념에 빠졌습니다. 이렇게 될 줄 알았다면 지역 일반고에 가서 우수한 학생으로 관심 받으며 수시로 대학을 보내는 것이 훨씬 나은 선택이었을 거라는 후회가 밀려들었지요. 하지만 이제 와서 바꿀 수 있는 것은 없었고, 지금 주영이는 내년에 재수를 할지, 아니면 부모님 말대로 유학을 갈지 고민하고 있습니다.

주영이의 실패 사례 분석

- 중학교 성적이 최상위권인 주영이, 본인 성향에 대한 고려 없이 전국단위 A자사고 진학을 선택함 → 실패잠복기 시작
- 전국 최상위권 아이들이 몰려 있는 A자사고에서 주영이는 3년 내내 안 좋은 내신을 받았을 뿐 아니라 자신감과 공부 의욕마저 꺾임 → 보상 없는 노력으로 상처만 깊어짐
- 내신을 포기하고 수능에 올인하는 전략을 택하지만 결국 수능에도 실패해 재수의 길을 고민함 → **고등학교 선택 역량의 부재**

고등학교 선택 역량 만들기
실천 가이드

대입이 복잡해지면서 고등학교 선택이 갈수록 중요한 이슈로 떠오르고 있습니다. 단순하게 수능만으로 대학을 가던 시기보다, 수시가 확대되면서 고교 선택의 중요성은 훨씬 커졌죠. 수시에서도 각 전형에 따라 고등학교별로 유불리가 달라지기 때문에 특히 학생부종합전형 대비에 얼마나 유리한가가 특목자사고 및 일반고 선택에 가장 큰 기준점이 되었습니다. 이러한 상황에서 내 아이에게 가장 적합한 고등학교를 선택하기 위해서는 우선 부모가 필요한 정보들을 알고 있어야 합니다.

📑 STEP1 고등학교 유형과 특성 제대로 알기

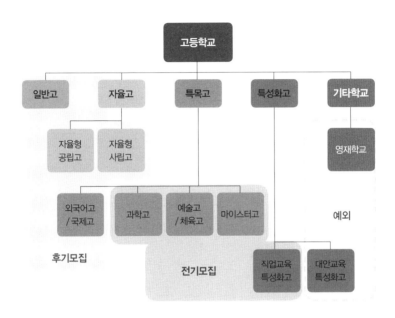

📑 STEP2 고교 선택 기준 파악하기

특목자사고 vs 일반고, 어느 쪽이 더 유리할까

──────────────── 가장 많은 부모님들이 고민하는 부분입니다. 단순히 특목자사고에 갈 수 있느냐 없느냐가 기준이 되어서는 안 되며 대학 진학의 유불리를 꼼꼼하게 따져보셔야 하는데요, 크게 보아 기준으로 삼을 수 있는

항목은 아래 네 가지입니다.

- 커리큘럼(학생부 관리) vs 내신점수
- 진로목표
- 분위기
- 합격 가능성

개별 학교별로 분명한 차이가 있으나 일반적으로 커리큘럼(학생부 관리) 측면에서는 특목자사고가, 내신점수를 따기 쉬운 정도로는 일반고가 유리한 것이 사실입니다. 그런데 학생부 관리, 내신점수 둘 다 수시전형 특히, 가장 모집정원이 큰 학생부종합전형에서 우열을 가릴 수 없을 정도로 중요한 전형요소이기 때문에 아이의 실력(내신대비 정도)과 성향(학생부 관리 적극성)에 따라 신중한 선택을 하셔야 합니다. 대입개편안(2019.11)에서 정규과정 이외의 비교과 폐지(또는 대입 미반영)가 발표되었기 때문에 내신의 중요성은 더 커지고, 반대로 비교과의 중요성은 감소하게 되었습니다. 따라서 최상위권 학생들의 전략적인 일반고 선택이 기존에 비해 다소 증가할 것으로 예상됩니다. 동시에 특목자사고 진학 이후 내신 관리 문제가 더욱 중요한 이슈로 떠올랐습니다.

특목고 선택에 있어 진로목표는 가장 중요한 선택 기준점입니

218

다. '단순히 공부를 잘해서' 또는 '특정 과목을 싫어해서(못해서)' 등의 이유로 선택해서는 안 됩니다. 득보다 실이 많은 대표적인 케이스입니다. 그것보다는 대학 전공, 즉 진로까지 고려한 선택이 기준이 되어야 나중에 후회가 없습니다. 특히 학종 준비에 있어서 진로목표와 맞지 않는 고교 선택은 현실적인 불이익으로 이어질 수 있기 때문입니다.

고교 선택에 있어서 또 하나의 중요한 포인트는 바로 학교 분위기입니다. 내신 상대평가 고득점을 위해 면학 분위기가 좋지 않은 고교에 진학했다가 분위기에 휩쓸려 같이 놀고 말았다는 이야기는 이미 주변에서 많이 들으셨을 겁니다. 아이가 분위기에 잘 휩쓸리는 성격인지, 방과후 또는 방학 등의 시간에 효율적인 학습 계획을 수립하고 실천할 의지가 있는지 등 자기주도학습 역량을 꼼꼼하게 살펴보고 선택을 해야 합니다.

마지막으로, 특목자사고 진학 선택시 고려할 가장 중요한 기준은 역시 합격 가능성입니다. 남들이 한다고 모두 다 따라 할 필요는 없습니다. 선행이 아닌 충실한 현행학습이 필요한 학생은 좀 더뎌 보이더라도 착실하게 일반고의 커리큘럼에 충실한 공부를 진행해야 합니다. 결국 대입에서 웃는 학생은 명문고생이 아니라 내실 있는 학습에 성공한 학생이기 때문입니다.

달라진 일반고 선택 기준

──────────────── 2019년 교육부는 2025년부터 자사고, 외고, 국제고를 모두 폐지하고 일반고로 일괄 전환하겠다고 발표했습니다. 하지만 모든 특목고가 없어지는 것은 아니고 과학고, 영재학교, 예술고 그리고 체육고 등은 유지됩니다. 일반고로 전환되는 학교들은 학생선발권이 없어지고, 고교 무상교육에 해당되기 때문에 학교 이름과 일부 커리큘럼은 남아 있더라도 기존의 명맥을 유지하기는 어렵습니다. 이런 영향으로 최상위권을 위한 수월성교육 수요가 과학고/영재학교 또는 해외 유학 등으로 일부 옮겨갈 것으로 예상됩니다. 또한 대치동, 목동 등 교육특구로의 쏠림 현상이 더욱 강화될 전망입니다. 무엇보다 자사고, 외고, 국제고의 폐지로 일반고 안에서의 선택 중요성이 극대화됩니다. 고교 선택과목과 수행평가, 내신 중요성, 고교학점제 등의 복합적인 이슈로 우리 지역 일반고 중에서 내 아이에게 맞는 학교를 선택하는 게 정말 중요해졌습니다. 그럼 이 달라진 입시 상황에서 우리 부모님들은 무엇을 기준으로 고교를 선택해야 할까요?

선택과목(일반선택/진로선택)

2015 개정교육과정이 고등학생들에게 미친 가장 큰 변화는 바로 고교 선택과목입니다. 고1 때는 문이과 구분 없이 공통필수

7과목(국어, 영어, 수학, 한국사, 통합사회, 통합과학, 과학탐구실험)을 공부하고 이후로 교과별 실력과 관심 그리고 진로목표에 따라 일반선택과 진로선택과목들을 선택하여 학습하게 됩니다. 선택과목들은 대입에도 활용되기 때문에 신중히 선택해야 함은 물론입니다.

2015 개정교육과정의 선택과목

- 기초 소양 함양을 위해 문·이과 구분 없이 모든 학생이 배우는 공통과목을 도입하고, 통합적 사고력을 키우는 '통합사회' 및 '통합과학' 과목을 신설한다.
- 학생들이 '공통과목'을 통해 기초 소양을 함양한 후 학생 각자의 적성과 진로에 따라 맞춤형으로 교육받을 수 있도록 '선택과목(일반선택/진로선택)'을 개설하도록 한다.
- 학생의 진로에 따른 선택권을 확대하기 위해 진로선택과목을 3개 이상 이수하도록 한다.
- 기초교과 영역(국어, 수학, 영어, 한국사) 이수단위를 교과 총 이수단위의 50%를 넘을 수 없도록 하여 균형학습을 유도한다.

고등학교 보통교과 교과목 구성

교과 영역	교과(군)	공통과목	선택과목	
			일반선택	진로선택
기초	국어	국어	화법과 작문, 독서, 언어와 매체, 문학	실용 국어, 심화 국어, 고전 읽기
	수학	수학	수학I, 수학II, 미적분, 확률과 통계	실용 수학, 기하, 경제 수학 수학과제 탐구
	영어	영어	영어 회화, 영어I, 영어 독해와 작문, 영어II	실용 영어, 영어권 문화, 진로 영어, 영미 문학 읽기
	한국사	한국사		
탐구	사회(역사/ 도덕포함)	통합사회	한국지리, 세계지리, 세계사, 동아시아사, 경제, 정치와 법, 사회·문화, 생활과 윤리, 윤리와 사상	여행지리, 사회문제 탐구, 고전과 윤리
	과학	통합과학 과학탐구 실험	물리학I, 화학I, 생명과학 I, 지구과학	물리학II, 화학II, 생명과학II, 지구과학II, 과학사, 생활과 과학, 융합과학

〈2015 개정 교육과정에 따른 선택과목 안내서〉, 서울특별시 교육청 교육연구정보원

고등학교 전문교과I / 과학계열 교과목 구성

과목(쪽)	특성
심화 수학I (120)	'수학'을 학습한 후에 선택할 수 있는 전문 교과 과목으로 '수학', '수학II', '미적분'의 주요 내용을 압축하고 심화한 과목으로 자연과학, 공학, 의학 및 이들의 응용분야를 전공하는 데 학문적 기초가 되며, 창의융합인재로서 기반 제공을 위해 지식 이해 및 습득, 문제해결력, 추론, 창의·융합, 의사소통, 정보처리, 태도 및 실천의 역량을 함양하는 과목임.

222

심화 수학 II (121)	'수학'과 '심화 수학'을 학습한 후에 선택할 수 있는 전문 교과 과목으로 '수학 I', '수학II', '미적분 '의 주요 내용을 압축하고 심화한 과목으로 자연과학, 공학, 의학 및 이들의 응용분야를 전공하는 데 학문적 기초가 되며, 창의융합인재로서 기반 제공을 위해 지식 이해 및 습득, 문제해결력, 추론, 창의융합, 의사소통, 정보처리, 태도 및 실천의 역량을 함양하는 과목임.
고급 수학 I (122)	전문 교과인 '심화 수학I'과 '심화 수학II'를 학습하거나 이들 과목에 포함된 내용을 다루는 수학 일반선택과 진로선택과목을 학습한 후에 선택할 수 있는 전문 교과 과목으로 '심화수학I', '심화 수학II '의 내용을 심화발전시킨 것으로, 자연과학, 공학, 의학 및 이들의 응용분야를 전공하는 데 학문적 기초가 되며, 창의융합인재로서 기반 제공을 위해 지식이해 및 습득, 문제해결력, 추론, 창의·융합, 의사소통, 정보처리, 태도 및 실천의 역량을 함양하는 과목임.
고급 수학 II (123)	전문 교과인 '고급 수학I'을 학습한 후 선택할 수 있는 전문 교과 과목. '심화수학I ', '심화 수학II', '고급 수학I'의 내용을 심화발전시킨 것으로, 자연과학, 공학, 의학 및 이들의 응용분야를 전공하는 데 학문적 기초가 되며, 창의융합인재로서 기반 제공을 위해 지식 이해 및 습득, 문제해결력, 추론, 창의·융합, 의사소통, 정보처리, 태도 및 실천의 역량을 함양하는 과목임.
고급 물리학 (124)	물리학에 흥미와 관심이 있는 과학 계열 고등학교 학생이나 일반계 고등학교에서 과학 과목 중점 교육과정을 이수하는 학생들이 '물리학I ' 또는 '물리학 II '를 이수한 후에 배우는 과목으로 심화된 수준으로 물리학의 학문적 체계 및 내용을 학습하기 위한 과목임.
고급 화학 (125)	심화된 화학 개념과 탐구 원리를 통해 물질의 구조, 성질, 변화에 대한 체계적 이해를 도모하여 일상생활의 문제뿐만 아니라 장차 자연과학과 공학 분야에서 물질에 대한 탐구를 과학적으로 수행하는 능력을 기르기 위한 과목임.
고급 생명과학 (126)	최신의 생명과학을 접하고, 보다 전문적인 생명과학 개념을 분자적 수준에서 통합적으로 이해하며, 관심 있는 생명과학의 주제에 대해 과학적으로 탐구하는 능력을 길러 앞으로의 연구 분야에 생명과학의 지식을 활용할 수 있도록 준비하는 과목임.
고급 지구과학 (127)	과학 계열 고등학교 학생이나 일반계 고등학교에서 과학 과목 중점 교육과정을 이수하는 학생을 위한 과목으로 각자 앞으로의 연구 분야에서 지구과학의 심화된 개념과 탐구 능력을 충분히 활용할 수 있도록 자기주도적인 탐구활동을 통하여 창의적 문제해결력과 과학적 태도를 함양하기 위한 과목임
생명과학 실험 (128)	최신의 생명과학을 접하고, 보다 전문적인 생명과학 개념을 분자적 수준에서 통합적으로 이해하며, 관심 있는 생명과학의 주제에 대해 과학적으로 탐구하는 능력을 길러 앞으로의 연구 분야에 생명과학의 지식을 활용할 수 있도록 준비하는 과목임.
정보과학 (129)	컴퓨터과학의 기본 개념과 원리 및 기술을 바탕으로 창의적이고 효율적으로 다양한 분야의 문제를 해결하는 역량을 기르기 위한 과목임.

융합과학 탐구 (130)	토론과 조사를 거쳐 융합과학 소재의 과제를 선정하여 실험 실습을 수행하고 결론을 도출하여 보고서를 작성하는 일련의 연구 과정을 경험함으로써 과학자 혹은 일반 시민으로서 갖추어야 할 창의성과 문제해결 능력을 기르기 위한 과목임.
과학과제 연구 (131)	과학 계열 고등학교 학생 또는 일반계 고등학교에서 과학 과목 중점 교육과정을 이수하는 학생을 대상으로 하여, 토론과 조사를 거쳐 특정 과학 과제를 선정하여 실험실습을 수행하고 결론을 도출하여 보고서를 작성하는 일련의 연구 과정을 통해 과학자가 갖추어야 할 연구 수행 능력을 기르기 위한 과목임.
생태와 환경 (132)	생태와 환경에 관심이 있는 학생을 대상으로 하는 미래의 과학 인재들의 생태와 환경에 대한 과학적 소양을 함양하여 개인적인 실천뿐만 아니라 진로를 결정하는 데 필요한 지식을 제공하는 과목임.

고등학교 전문교과I / 외국어, 국제 계열 교과목 구성

구분	과목(쪽)	특성
외국어 계열	심화 영어 I (146)	실생활에 필요한 의사소통능력을 향상시키고 장차 전공 분야와 관련된 영어 이해 능력과 표현 능력을 기르는 과목임. 학습자들의 전공에 따른 다양한 요구를 최대한 충족시키기 위해, 다양한 일반적 주제의 정보 뿐만 아니라 기초 학문 영역의 정보 등을 다루는 데 필요한 언어 능력을 계발하도록 함. 또한 문화 정체성에 대한 이해를 바탕으로 세계 공동체의 구성원으로서의 기본 역량을 키우는 과목임.
	프랑스 회화 I (147)	일상생활의 다양한 활동이나 주제에 대해 프랑스어로 듣고 말하는 능력을 배양하며 프랑스어로 의사소통 하려는 적극적인 태도를 기르기 위한 과목임
	중국 문화 (148)	중국인들의 일상생활과 문화적 특성에 대한 학습을 통해 중국을 올바르게 이해하고, 중국어를 사용하는 사람들과 적절하게 의사소통 할 수 있는 능력을 심화하는 것을 목표로 하는 과목임
	일본 문화 (149)	일본의 언어·비언어 문화와 일상생활 문화, 전통문화, 대중문화 등을 이해함으로써 우리 문화와 일본 문화의 공통점과 차이점을 알고 상호 문화적인 관점에서 배려와 존중의 태도와 세계 시민 의식을 기르는 과목임.

국제 계열	국제 정치 (150)	국제 관계의 협력과 경쟁을 이해하고, 바람직한 국제 질서를 창출할 수 있는 기본적 지식과 국제 시민사회에 알맞은 시민적 태도를 함양하는 과목임.
	국제 경제 (151)	끊임없이 변화하는 국내외 경제 환경에 능동적으로 대처할 수 있는 경제적 사고력과 문제해결 능력을 키우는 과목임.
	한국 사회의 이해 (152)	현대 한국 사회의 정치와 경제, 사회의 변화 과정과 특징, 한국 고유의 전통문화 등을 연계하여 바르게 이해함으로써, 세계사회에서 주체적인 한국인으로 활약할 수 있는 국제 전문가를 양성하는 과목임.
	사회탐구 방법 (153)	인간과 사회 현상에 대한 과학적 탐구 방법의 의미와 특징을 이해하고, 과학적으로 사회탐구를 수행하는 데 필요한 기초 능력을 기르는 과목임.
	사회과제 연구 (154)	'국제 정치', '국제법', '국제 경제', '비교 문화', '지역 이해' 과목 등에서 학습한 지식을 토대로 학습자가 연구 문제를 선정하여 소규모 연구를 실제 수행하는 과목임.

〈2015 개정 교육과정에 따른 선택과목 안내서〉, 서울특별시 교육청 교육연구정보원

　　그런데 이 선택과목들의 수가 너무 많기 때문에 단일 학교에서 모든 과목을 모든 학기에 개설할 수가 없습니다. 그러니 같은 지역의 일반고들이라도 선택과목의 조합 또는 개설되는 시기가 다를 수밖에 없는 것이죠. 더욱이 일부 일반고에서는 특목자사고에서 쓰는 어려운 교과서인 전문교과I 과목을 개설하기도 합니다. 따라서 선택과목(일반선택+진로선택+전문교과I)은 중점학교(예, 과학중점)와 더불어 일반고 선택에 있어 매우 중요한 기준이 됩니다.

고교학점제와 일반고의 차별화

2025년부터 고교학점제가 전면 도입됩니다. 대학처럼 스스로 시간표를 짜고 원하는 수업을 골라서 들을 수 있게 되는 건데요, 다양하고 특색 있는 과목이 늘어나고, 학교별 연계, 지역별 연계 그리고 온라인 공동교육과정(교실온닷 등)까지 배움의 물리적 공간도 늘어나게 됩니다.

> **고교학점제란?**
>
> 학생들이 진로에 따라 다양한 과목을 선택/이수하고 누적학점이 기준에 도달할 경우 졸업을 인정받는 제도.

그 많은 고교학점제 과목들이 한 학교에 모두 개설될 수 없으니 이웃 학교와의 연계, 지역별 연계 등을 통해서 학생들의 교과 선택 수요를 맞추게 됩니다. 그런 과정에서 각 일반고들이 특정 교과 영역의 거점학교로서 전문화, 차별화를 자연스럽게 이룰 수 있을 것입니다. 오른쪽 표는 고교학점제의 징검다리인 선택 과목의 거점형 교육과정 운영 학교의 실제 예시입니다. 선택과목 세대부터 고교학점제 세대에 이르기까지 일반고의 선택은 우리 아이들의 진로희망에 따라, 학교 자체의 특성에 따라 더욱 더 중요해지고 있습니다.

학교 간 협력 교육과정 운영학교 현황

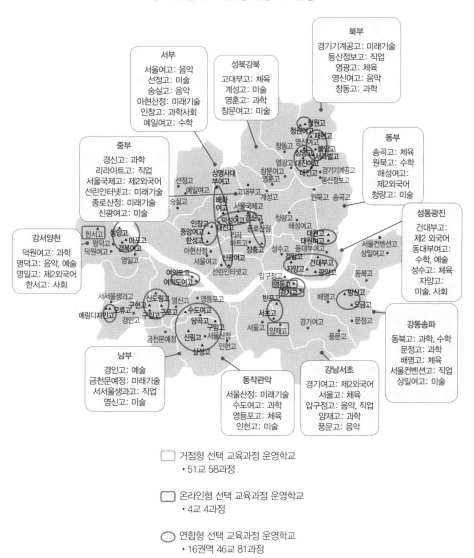

북부
경기기계공고: 미래기술
동산정보고: 직업
염광고: 체육
영신여고: 음악
창동고: 과학

서부
서울여고: 음악
선정고: 미술
숭실고: 음악
아현산정: 미래기술
인창고: 과학사회
예일여고: 수학

성북강북
고대부고: 체육
계성고: 미술
영훈고: 과학
창문여고: 미술

동부
송곡고: 체육
원묵고: 수학
해성여고:
제2외국어
청량고: 미술

중부
경신고: 과학
리라아트고: 직업
서울국제고: 제2국어
선린인터넷고: 미래기술
종로산정: 미래기술
신광고: 미술

성동광진
건대부고:
제2 외국어
동대부여고:
수학, 예술
성수고: 체육
자양고:
미술, 사회

강서양천
덕원여고: 과학
명덕고: 음악, 예술
영일고: 제2국어
한서고: 사회

강동송파
동북고: 과학, 수학
문정고: 과학
배명고: 체육
서울컨벤션고: 직업
상일여고: 미술

남부
경인고: 예술
금천문예정: 미래기술
서서울생과고: 직업
영신고: 미술

동작관악
서울산정: 미래기술
수도여고: 과학
영등포고: 체육
인헌고: 미술

강남서초
경기여고: 제2외국어
서울고: 체육
압구정고: 음악, 직업
양재고: 과학
풍문고: 음악

☐ 거점형 선택 교육과정 운영학교
• 51교 58과정

▢ 온라인형 선택 교육과정 운영학교
• 4교 4과정

◯ 연합형 선택 교육과정 운영학교
• 16권역 46교 81과정

〈중3을 위한 미리보는 서울형 고교학점제 워크북〉, 서울특별시교육청

📱 STEP3 내 아이가 다닐 학교 정보 수집하기

'학교 알리미' 즐겨찾기 하기

  학교 유형과 관계없이 각 학교의 특성과 선택과목 등 차별화 요소를 알아볼 수 있는 유용한 툴로 '학교알리미'를 추천합니다. 검색 포털에 "학교알리미"로 검색해서 홈페이지를 방문하신 후, 가장 위 검색창에 우리 지역 고등학교의 이름을 검색합니다. 만일, 학교의 이름을 잘 모르신다면, 메인 페이지의 〈지도검색〉을 클릭하세요. 그 다음 우리 지역 정보를 세팅하시면 구 단위까지 우리 지역 초중고등학교들을 찾아보실 수 있습니다.

https://www.schoolinfo.go.kr

각 학교 정보 검색

각 학교의 메인 페이지에 들어가시면, 〈학교정보〉, 〈주요공시 정보〉, 〈상세정보〉 탭을 보실 수 있습니다. 저는 가능하면 관심 학교나 진학 가능 학교의 거의 모든 정보들을 살펴보시기를 추천드리는데요, 여기서는 우선 각 학교의 교육과정 및 교과목 편성 정보를 알려주는 〈상세정보〉 탭을 살펴보겠습니다.

〈상세 정보〉클릭 후 학교의 전체적인 특성에 대해 살펴보시려면 〈교육활동〉 → 〈학교 규칙 및 학교 운영에 관한 규정〉으로, 교육과정 및 교과목 편성 정보를 알아보시려면, 〈교육활동〉 → 〈학교교육과정 편성, 운영 및 평가에 관한 사항〉항목을 살펴보시면 됩니다.

학교알리미의 각 항목들은 공시되는 시기가 각각 다르므로, 각 항목에 있는 〈공시가이드〉를 참고하시기 바랍니다. 팁을 하나 드리자면, 공시 시기가 매년 4월인 경우, 4월에 그때그때 들어와서 확인하지 마시고 5월 1일자로 확인하시면 거의 100% 업로드되어 있습니다.

이 정보 외에 학교알리미를 활용할 수 있는 방법은 아래 QR코드의 유튜브 영상을 참고해주시기 바랍니다. 영상 시청 후, 매 학기마다 학교알리미를 통해 학교정보를 수집해두시면, 우리 아이 학사일정은 물론 교육과정, 학교 행사, 평가지침 등을 제때 제대로 알고 대응하실 수 있습니다.

또한 이렇게 수집하신 학교 정보를 제가 제공해드리는 〈학교알리미 정보기록지〉에 미리 기록해두시면 더 쉽게 기억할 수 있습니다. 이 양식은 옆의 QR코드를 스캔하시면 다운 받을 수 있습니다.

책 읽은 후 부모 숙제

1. 특목자사고, 일반고 선택 기준 네 가지에 대해 함께 이야기해보기

2. 학교알리미를 통해 아이가 다니고 있는 학교(초등 또는 중등)의 여러 정보들을 파악해보기(〈학교알리미 정보기록지〉 활용)

3. 학교알리미를 통해 특목자사고 1곳과 우리 지역 일반고 2곳의 커리큘럼(교과편성, 평가계획)을 수집하고 비교해보기(〈학교알리미 정보기록지〉 활용)

4. 위의 정보를 바탕으로 아이와 고교 선택에 관한 이야기 나눠보기

부록1

고등학교 때 잘하는
진짜 영어 공부법

영어는 언어입니다. 수학, 과학, 사회 등과는 전혀 다른 속성을 가진 교과 영역이기 때문에 그에 알맞은 학습적 접근이 필요합니다. 가장 중요한 시작점은 바로 매일매일의 학습습관부터 기르는 것입니다. 영어는 공식만 가지고 완성될 수 없는 과목이고 충분한 노출을 통한 습득(Acquisition)과 학습(Learning)이 적절히 병행되어야만 언어적 직관(Intuition)을 내재화할 수 있기 때문이죠. 게다가 영어학습의 핵심역량인 영단어의 경우 장기기억으로 저장하기 위한 방법도, 효율적인 영단어학습도 매일 학습을 기반으로 해야 성공할 수 있습니다. 모든 과목 중 개인 실력차가 가장 큰 과목이 영어입니다. 흔들림 없이 조급함 없이 영어 실력을 착실히 키워가려면, 내 아이를 위한, 내 아이의 역량에 맞춘 영어교육 로드맵이 필수입니다.

수퍼 고교생 소연이의 발목을 잡은 영어

못하는 게 없었던 아이가 유일하게 싫어한 과목

"영어가 싫어서 이과, 수학이 싫어서 문과." 고교시절을 지나온 사람이라면 누구나 공감하는 이야기일 텐데요. 그런 의미에서 소연이는 참 특이한 케이스라고 할 수 있습니다. 소연이는 대치동 고등수학 전문학원에서 문과 1등을 도맡아놓고 합니다. 이과 담당 수학 선생님들도 재능이 아깝다며 이과 선택해서 의대 가라고 말할 정도죠. 그렇다고 문과 과목을 못하냐 하면 그건 또 아니어서 고1 때 고3 수준의 수능 모의고사에서 국어 만점을 맞은 적도 있습니다. 하지만 이런 소연이에게도 골칫거리가 하나 있으니, 그건 바로 영어. 영어를 제외한 모든 과목의 평균 점수는 전교 1등을 하고도 남을 정도이지만 항상 영어가 소연이의 발목을 잡곤 합니다. 소연이가 다니는 S고등학교는 상위권이 두텁고 1,2점 차이로 등수가 결정되기 때문에 소연이는 영어 때문에 자신이 늘 손해를 보는 것 같아 영어가 정말 싫습니다.

열성적인 엄마의 두 가지 실수

——————————————— 하지만 초등학생 시절 소연이는 지금과는 다르게 영어를 또래에 비해 잘하고 또 좋아하는 아이였습니다. 독서교육에 대한 확고한 철학이 있던 어머니 덕에 한국어, 영어를 불문하고 많은 책에 둘러싸여 자랐고 소연이도 읽기 자체를 좋아해서 어린 시절부터 독해력이 좋았지요. 이런 국어 능력이 바탕이 되어 적당한 수준의 원서도 곧잘 읽어내곤 했습니다.

하지만 영어를 '또래에 비해 잘하는 것'이 돌이켜보면 결과적으로 오히려 소연이에게 독이 되었는데, 재능을 보이는 부분에서 더 잘하길 바라는 부모의 성급한 마음이 크게 두 가지 실수를 저지르게 만들었던 겁니다. 첫 번째 실수는 영어에 관해서는 매우 엄한 자세로 소연이를 대한 것입니다. 실수로라도 한 문제만 틀리면 혼내는 걸 넘어 체벌까지도 했는데, 실수가 습관이 되지 않게 하려는 좋은 의도였지만 그 때문에 소연이는 영어 공부가 점점 싫어지고 시험을 보는 것 자체가 무서워지기 시작했습니다. 일명 감정적 여과(Affective Filter)가 두터워지는 역효과가 발생하여 영어 공부에 대한 견고한 거부감이 생겨나기 시작한 것이지요.

두 번째는 소연이가 초등 고학년이 되자 하드트레이닝으로 유명한 영어학원에 보내기 시작한 것입니다. 이미 영어에 대한 거부감이 생긴 소연이는 영어 공부를 점점 더 안 하려고 했고 부모님은 이제 더 이상 소연이를 컨트롤할 수가 없었습니다. 그래서 학원의 빡센 스케줄과 과제를 동원하여 집중 학습을 시키겠다는 나름의 묘책을 낸 것이지요. 하지만 이것은 첫 번째보다 더한 악수가 되었습니다. 당시 소연이가 다니던 학원은 영단어 테스트를 많게는 한 번에 200개까지 보는 곳이었습니다. 기준 개수를 통과 못 하면 집에 안 보내는 시스템이었기 때문에 가뜩이나 영어가 싫은 소연에게는 학원에 있는 시간이 그야말로 생지옥이었지요. 정말 심각한 문제는 소연이의 실력에 맞지 않는 반에 편성된 것이었는데, 이 또한 잘하는 아이들과 함께 공부하면 배우는 게 더 많을 것이라는 부모의 욕심 때문에 만들어진 일이었습니다. 소연이는 그렇게 수업 내용의 반도 소화하지 못하는 상태로 2년이라는 시간을 허비했고, 이렇게 시작된 영어지옥의 굴레는 입시 때까지 소연이를 괴롭혔습니다. 문과 계열 진학에 매우 중요한 영어 내신 및 수능 영어 영역 점수가 본인의 수준(다른 과목

기준)에 비해 현저히 낮았기 때문에 결국 원하는 대학에 진학하는 데 실패하게 되었죠.

끝나지 않은 실패의 굴레

──────────── 운 좋게도 재수를 하던 해, 수능영어가 절대평가로 전환되면서 '안정적인 영어 영역 점수 90점 만들기 전략'으로 수능 정시전형으로 진학에는 성공합니다. 하지만 문과 계열인 소연이는 대학생이 되어서도, 유학이나 취업 등 인생의 다양한 선택지 앞에서 또 다시 영어가 자신의 발목을 잡을지도 모른다는 두려움을 떨칠 수가 없습니다.

소연이의 실패 사례 분석

- 어린 시절부터 다 방면에 높은 학습성취도를 보인 소연이. 하지만 부모님의 지나친 기대가 영어에 대한 감정적 거부감을 야기. → 실패잠복기 시작
- 소연이의 영어에 대한 거부감을 제어하지 못한 부모님은 하드트레이닝 학원을 선택. 과도한 과제와 테스트, 자기 수준 이상의 영어 환경에 지속적으로 노출시킴으로써 거부감을 증폭시킴 → 부적절한 지도로 거부감 악화
- 고등학생이 되어서도 올바른 영어 학습 습관과 태도가 잡히지 못했고 결국 영어로 인해 대학 진학에 실패. 좌절감은 영어에 대한 지속적인 두려움으로 심화됨 → **영어 역량의 부재**

영어 학습 로드맵의 부재
= 노력 낭비, 돈 낭비, 인생의 낭비

최근 들어 영어교육을 둘러싼 제도와 환경은 엄청난 변화를 맞이하고 있습니다. 입시제도도 그렇지만 교과교육의 방향성 자체가 바뀌었지요. 그러나 학원에서, 가정에서 우리 아이들은 여전히 옛 방식으로 공부하고 있습니다. 현실적인 변화를 반영하고 있지 못하는 경우가 정말 많습니다. 반영은 고사하고 변화의 내용조차 인지하지 못하는 경우도 허다하지요. 그래서 노력과 들이는 비용에 비해 결과가 만족스럽지 못하다는 느낌이 드는 것입니다. 자녀의 영어교육에 많은 것을 투자하는 부모들의 예상과는 달리 아이들의 입으로 말하는 '영어가 어려워지는 시기'는 고등학교가 아닙니다. 한국교육과정평가원이 발표한 자료에 따르면 초3 때 12.1%, 중1 때 31.3%, 중2 때 25.3%의 아이들이 영

어가 어려워졌다고 느낍니다(KICE연구 정책브리프 vol.07, 한국교육과
정평가원). 영어유치원도, 어학원도, 원어민 교사도 대안이 되어주
지 못한 것이지요. 모든 것은 아이의 수준에 맞는 단계적이고 효
율적인 영어 학습 로드맵의 부재로 빚어진 결과입니다.

📑 초중등 영어 학습 로드맵 필수 체크포인트

빠르면 1,2학년 보통 늦어도 아이가 4,5학년이 되면 부모님들은
고민하기 시작합니다. '우리 아이 영어 공부 이대로 놔둬도 될
까?', '좀 더 경쟁력 있는 학원으로 보내야 되는 게 아닐까?' 슬슬
사춘기도 다가오고, 갈수록 말은 안 듣고, 시간은 흘러가는데 주
변 아이들은 열심히 치고 나가는 것 같아서 불안한 마음이 들기
시작할 때가 보통 이 시기이기 때문이죠. 이 불안함 속에는 부
모들의 죄책감이 숨어 있기도 합니다. 특히 영어교육 정보에 취
약하거나, 바쁜 맞벌이 부부인 경우에 더욱 그렇죠. 내가 잘못해
서 우리 아이가 제때 할 것들을 놓치고 경쟁에 뒤쳐지는 건 아닌
지, 이대로 중학교, 고등학교에 올라가도 정말 괜찮을지, 깊어져
가는 고민에 찾게 되는 해결책은 보통 소위 말하는 '빡센 학원'.
그런데 문제는 정작 중요한 아이의 영역별 실력이나 학습태도와
습관은 파악하지 못한 채 우선 공부 시킬 생각부터 한다는 것입

240

니다. 그래서 이 시기에 아이들의 영어가 오히려 본격적으로 망가지기 시작하는 경우도 많습니다. 그리고 중 1,2학년을 거치며 영어에 자신감을 잃고 영포자의 길로 들어서는 것이지요. 중학교 과정을 잘 대비하기 위해서는 초등 5,6학년 영어 학습에 신경을 많이 써야 하는데요, 본격적인 영어 학습이 진행되는데다 학습 내적인 어려움이 증폭되는 시기이기 때문입니다.

바뀐 교육제도에 따른 영어 로드맵 필수 체크포인트

초등 1~2	초등 3~4	초등 5~6
영어 환경 조성 시기	본격 영어 학습 시작 시기	영어 학습 도약시기(위기)
• 흘려듣기/집중듣기 • 학습+놀이 병행 • DVD/영어노래/유튜브 영어 컨텐츠 • 그림책/영어동화 • 파닉스 • 단어게임/플래시카드 • 영어의 바다에 빠지게 하라! • 듣기와 읽기 중심	• 다양한 원서 읽기 골든 타임 챕터북 등(독후활동 및 오디오 듣기) • 모든 영어활동은 듣기 연계로 • 문법 공부 시작 시기(4학년~) • 단어 학습 본격화 • 해외 경험 유효 시작 시기 • 영어에 대한 태도 형성 시기	• 추상적 어휘에 대한 대비책 • 수준 있는 TEXT 읽기(토플/원서/미국 교과서) • 토플(주니어) 선택 시기 • 독서/매체 활용한 배경지식 쌓기 • 본격적인 라이팅 준비를 위한 문법(구문) 학습 집중 기간 • 영어학원 선택 주의 시기 • 어학연수 가능 마지노선

중1	중 2~3	고1
영어 공부 골든타임	고등과정 준비(결정적 시기)	입시전형 결정 시기

영어 공부 골든타임	고등과정 준비(결정적 시기)	입시전형 결정 시기
• 중2 1학기 중간고사 목표로 집중 학습 • 첫 지필고사(+서논술형) 대비, 첫 시험의 충격 최소화 • 라이팅을 위한 문법/구문 학습 위주 • 수행평가 역량 대비 데드라인 • 영단어 학습 마지막 골든타임 　(1년 2400단어 프로젝트! 고교 교과서 수준 단어 마스터) • 진로선택과목 선택을 위한 첫 걸음, 진로 탐색 • 토플식 학습 아니면 어학원 다니는 마지막 시기	• 영어 내신 중심 학습 고교 내신 목표 • 수능 영어 듣기 5회독 완성 골든타임 • 고1 수능모의고사 학습 시작, 고2 모의고사 쉬운 기출 중점 대비 • 문법(라이팅 연계) 1차 완성 목표 • 수능 수준 어휘 4000개 목표 • 진로선택과목 파악 및 선택 준비 • 지역 일반고 조사 　(선택과목/교과중점/영어 내신 유형)	• 1학년 시작 전 대입전형 학습 필수 • 1학년 내신 총력전 시기 　(1학년 내신을 바탕으로 고2부터 대입 전략이 완전히 달라짐) 　수능 위주 또는 학종(학생부교과 등) 전형 가능성 점검 • 수능영어 절대평가 고3 기출 1회독 추천 • 진로목표에 따라 선택과목 조합 신중히 결정 • 영어 학습 시간과 집중 정도 조절

단계별 중요 학습 포인트

미취학 아동~초등 저학년

① 놀이(+학습)의 영역 안에서 진행한다.

: 학습 스트레스가 심한 환경은 절대 피해야 합니다. 아이의 영어 학습 태도 조성에 악영향을 미치는 주범입니다.

② 영어 듣기 노출을 최대한 늘려준다.

　: 흘려듣기(자연스럽게 영어 컨텐츠를 들려주기)뿐만 아니라, 그림책이나 쉬운 원서 등의 읽기 활동에도 항상 듣기를 병행합니다.

③ 영어 단어도 중요하지만 국어 어휘가 우선이다!

　: 국어 잘하는 아이가 영어도 잘합니다.

④ 원서 읽기를 시작하라!

　: 영어 원서라고 해서 무조건 어려운 것은 아닙니다. 본인 수준에 맞는 쉬운 원서부터 시작해보기를 추천합니다.

초등 고학년

① 문법 학습을 체계적으로 시작하라!

　: 명시적인 문법 학습의 시작 시기는 4학년 전후가 적당합니다. 저학년은 이해하기도 어렵고, 자칫 학습 흥미를 잃어버릴 수 있으므로 주의하셔야 합니다.

② 쓰기(Writing)에 집중하라.

　: 중고등 내신에 있어서 영어 서논술형과 수행평가는 절대적 중요성을 가집니다. 이를 대비하기 위해서는 초등 고학년부터 체계적인 영작 연습이 필수인데요, 문법 학습도 문제 풀이 위주가 아닌 쓰기에 초점을 둬야 합니다.

③ 수준 있는 텍스트를 읽어라.

: 영어책뿐만 아니라 한글책도 살짝 어렵고 다양한 주제의 책을 읽어야 하는 시기입니다. 실력에 따라 중학교 교과서, 토플, 원서, 미국 교과서 등 다양한 읽기물을 시도해 보시기 바랍니다.

④ 추상어휘를 대비하라.

: 초등영어와 중고등영어의 가장 큰 차이는 바로 추상어휘. 중등부터 본격적으로 시작되는 추상어휘량의 급증은 영어가 어렵게 느껴지는 가장 중요한 원인입니다.

중학생

① 중1의 학습목표는 중2 1학기 중간고사.

: 자유학년제의 경우, 중학교 2학년 1학기 중간고사는 학생들 생애 첫 공식 지필고사입니다. 시험 형식뿐 아니라 난이도도 크게 어려워지기 때문에 학습포기자가 속출하는 시기이지요. 따라서 중1의 학습목표를 두루뭉술하게 잡지 말고, 다음 해에 치러지는 첫 지필고사를 목표로 매진해야 합니다.

② 중고등 영어 내신점수에 절대적인 영향을 미치는 서논술형과 수행평가 대비에 집중하라.

: 서논술형뿐 아니라 영어 수행평가에도 쓰기는 가장 큰 변

별력을 갖는 영역입니다. 중3까지 집중 대비를 해서 고1 영어내신에 차질이 없게 준비해야 합니다.

③ 중2~3의 영어 학습 목표는 고1 영어 내신.

: 대입개편안에 따라 갈수록 고등학교 내신의 중요성은 커지고 있습니다. 그러나 고등 내신은 지필고사의 서논술형과 수행평가 논술형 등 어려운 유형 때문에 단기간에 점수 올리기가 어렵습니다. 아이가 진학하기 원하는 고등학교의 기출문제를 먼저 파악하여 그 수준과 유형에 맞는 맞춤학습이 필요합니다(단, 중등과정 현행에 충실히 따라가고 있는 학생들에게만 해당).

④ 영단어학습의 골든타임!

: 초중고 영어시험 중 가장 높은 수준의 영단어를 요구하는 시험은 바로 수능. 영어 교과서 수록 어휘로만 학습하면 수능 수준 대비에 크게 부족합니다. 그리고 영단어학습에 충분한 시간을 투자할 수 있는 시간이 바로 중학교인데요, 고등학생이 되면 수학 학습이 1순위가 되며, 다른 할 일이 너무 많기 때문입니다.

영역별
학습 포인트

📑 영어 공부의 기본, 듣기Listening

입시에서 듣기는 가장 쉬운 영역으로 꼽힙니다. 그 말은 역으로
성공적인 입시를 위해 틀려서는 안 되는 영역이라는 이야기이
기도 합니다. 초등 저학년에서 중학교까지 듣기의 제1원칙은 다
다익선(多多益善). 다양한 매체와 컨텐츠를 활용하여 최대한 많이
노출시켜주는 것이 중요합니다. 어휘 듣기 파일, 원서 오디오북,
애니메이션, 드라마, 유튜브 등 아이의 관심 영역에 따라 확대시
켜주는 걸 추천드립니다. 입시 대비는 이와는 별개로 기출 문제
를 집중적으로 다루어주실 필요가 있는데요, 비교적 수학 교과의
중압감이 덜한 중2~3학년 때 고1, 고2, 고3, 수능 영어 듣기(모의

고사+기출)를 5회독 해두면 효과적으로 대비할 수 있습니다.

듣기 학습 추천사이트

영화 스크립트 다운로드 사이트

▶ Simplyscripts https://www.simplyscripts.com

▶ Imsdb https://www.imsdb.com

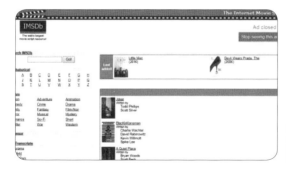

추천 유튜브 채널_유치/초등

▶ Arthur

▶ The Berenstain Bears

▶ Cartoon Network

▶ Sesamestreet

추천 유튜브 채널_초등

▶ CashCourse

▶ Time for Kids

▶ Scholastic

▶ Life Noggin

▶ National Geographic Kids

▶ Minute Earth

▶ Minute Physics

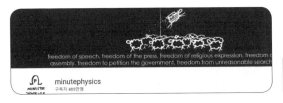

▶ Scishow Kids

▸ Animal Planet

수능, 모의고사 기출 듣기_중고등

▸ EBSi http://www.ebsi.co.kr

▸ 한국교육과정평가원 수능 기출문제

http://www.kice.re.kr

🗨 영어 공부의 성패를 좌우하는 어휘 Vocabulary

영단어 학습은 단기간에 완성될 수 없는 영역입니다. 단기간에 많은 단어를 암기한다고 해도 결국 장기기억으로 저장되는 것은 다른 차원의 노력과 계획이 필요한 것이기 때문입니다. 따라서 단기간의 무리한 계획보다는 긴 안목을 가지고 효율적인 학습을 하는 것이 바람직합니다. 그런데 현실에서 우리 아이들은 어떻게 공부하고 있을까요? 상당수가 벼락치기형(생존형)입니다. 그렇다면 결국 '벼락치기'라는 문제를 해결하면 되는데 이게 말처럼 쉽지 않습니다. 왜냐하면 벼락치기는 영단어 학습 실패의 '원인'이 아니라 어떤 관점에서 보면 '결과'이기 때문입니다. 아이들이 왜 결국 벼락치기를 하는 것일까요? 미루다 미루다가 닥쳐서 하는 '성실성'의 문제이기도 하지만, 그 문제의 근원을 파헤치다 보면 지속적이고 계획적인 학습이 처음부터 어려웠던 이유가 있습니다. 그것은 바로 자신의 영단어 학습역량을 모르기 때문입니다.

본인의 암기능력을 파악하지 못한 채 과제 분량에 맞춰서 수동적으로 학습을 하는 경우가 많고, 바로 여기서 문제가 발생합니다. 중간과정 없이 무턱대고 계획을 세우니 항상 시간이 부족하게 되고, 이렇게 두세 번 계획이 어그러지면 결국 벼락치기로 귀결되는 것이지요.

252

오늘 당장 아이에게 물어보세요. 모르는 단어 20개 암기하는데 걸리는 시간을 스스로 아느냐고 말이죠. 제가 학생들을 지도하면서 이 질문을 무수히 많이 했지만, 제대로 알고 있는 학생은 손에 꼽습니다.

우리 아이 단어 학습역량 파악하기

──────────────────────────── 효율적인 영단어학습의 시작은 바로 '학습역량 파악'이어야 합니다. 손쉽게 가정에서 우리 아이의 영단어 학습역량을 파악하기 위한 방법으로 '1-2-3-4 테스트'를 소개합니다. 초등 저학년은 10개, 고학년은 20개, 중학생은 30개, 고등학생은 40개의 모르는 단어를 3일간 학습하면서 그 역량을 파악해보는 방식입니다.

자녀가 초등 고학년이라면, 우선 단어장에서 모르는 단어만 20개를 추려냅니다. 그리고 첫날 필요한 만큼 충분히 학습을 하고 나서 1시간 후쯤 암기가 덜된 단어가 몇 개나 되는지 파악해봅니다. 그리고 추가학습을 진행합니다. 다음 날에도 암기가 덜된 단어가 얼마나 있는지 간단히 테스트를 해봅니다. 필요한 만큼 다시 추가학습을 합니다. 그리고 최종적으로 첫 학습을 시작한 날 기준으로 3일 후에 최종 테스트를 보고 80% 이상을 맞추면 통과! 그때까지 학습한 시간의 총합이 바로 아이의 영단어 학

습역량입니다. 쓰기 테스트가 기본이며 최종 테스트에서는 뜻과
스펠링 테스트를 같이 보는 것이 좋습니다.

초등 고학년 50개 단어	
1. another	25. glad
2. basketball	26. helicopter
3. below	27. important
4. choose	28. kitchen
5. cousin	29. lie
6. delicious	30. listen
7. during	31. marry
8. field	32. mountain

모르는 단어
20개 추출

초등 고학년 20개 Test 단어	
1차 소요시간	
2차 소요시간	
3차 소요시간	
1. another	10. helicopter
2. choose	11. lie
3. kitchen	12. important
4. listen	13. field
5. mountain	14. marry

1시간 후 / 다음 날 / 3일 후
3종 TEST지

섞기/
뜻

초등 고학년 Test 1차
1. another _____
2. choose _____
3. kitchen _____

섞기/
뜻/철자

초등 고학년 Test 2차
1. _____
2. _____
3. _____

섞기/
뜻/철자

초등 고학년 Test 3차
1. _____
2. _____
3. _____

  유의하실 것은 학습시간을 꼼꼼히 기록해놓아야 한다는 것과,
추후 영단어 학습계획을 세울 때 확인된 아이 역량의 80%를 기
준으로 잡아서 분량을 정해야 한다는 것입니다. 성인들도 매번
자신의 능력을 다 발휘하지는 못합니다. 영단어는 무엇보다 매
일 매일의 공부를 기반으로 꾸준한 학습을 하는 것이 가장 중요

하기 때문에, 무리해서 계획을 세우기보다는 지속성에 더 중점을 두는 것이 바람직합니다.

좋은 단어장 고르는 방법

유치원/ 초등 저학년	1.그림 디자인이 좋은 단어장 2.주제별로 묶인 단어장 3.발음 듣기가 편리한 단어장 4.따라쓰기가 잘된 단어장 5.흥미를 돋우는 단어장 * 여러 학년이 묶인 두꺼운 책, 어원 중심의 단어장. 너무 많은 정보가 들어 있는 책은 피하는 것이 좋습니다.

초등 고학년/
중학생
	1.우리 아이 학습 성향과 맞는 단어장
	2.우리 아이 학습역량 및 수준과 맞는 단어장
	  (학년이 구분될수록 좋음. 특히 학습역량이 낮은 경우/
	  어원은 고등부터)
	3.누적 반복복습이 가능한 단어장
	4.적용과 확장(쓰기 읽기 등)이 가능한 단어장
	5.테스트가 편리한 단어장

어휘 학습 추천 사이트

플래시카드 활용 추천 사이트

▶ Busyteacher https://busyteacher.org

▶ Kizclub http://www.kizclub.com

단어 퍼즐 사이트

▶ Word search puzzles

http://www.word-search-puzzles.appspot.com

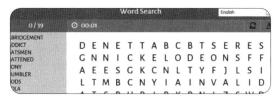

▶ Thewordsearch https://thewordsearch.com

영단어 게임 앱

▶ 캣츠 잇 잉글리시

🗨 가장 비중이 높은 영역, 읽기Reading

시험 유형을 막론하고 가장 비중이 높은 중요한 영역입니다. 듣기와 더불어 다양한 주제의 컨텐츠에 적극적으로 노출시켜주는 것이 바람직하며 초등 고학년부터는 학습 텍스트 선정에도 주의를 기울이셔야 합니다. 아이 수준에서 이해가 쉽지 않은 지문학습(토플, 수능기출 등)선행은 오히려 독이 될 수 있습니다. 수능 영어(고등부) 독해는 단어와 문법(구문) 독해력과 배경지식, 문제 유형별 테스트 역량까지 종합적인 능력이 필요하므로 중3까지 확실히 기초를 다져주어야 하며 고2 때까지 수능(독해) 절대평가에 집중 대비하는 것이 필요합니다.

시기별 읽기 학습 전략

초등 저학년(1~3학년)

- 흥미 위주의 가능한 다양한 책 읽기
- 그림책으로 흥미와 적응, 기초 어휘 습득
- 리더스북, 챕터북, 시리즈물로 본격적인 원서 읽기 시작
- 항상 수준에 맞는 원서를 골라야 하고, 읽은 후 북리포트 쓰기는 필수
- 독서 후 워크시트, 오디오, 게임 등 다양한 활동 필수

초등 고학년(4~6학년)

- 토플주니어 리딩
- 소설 읽기(뉴베리상 수상작, 미국교사 추천도서, 아이비리그 추천도서 등)
- 비문학은 미국 교과서 읽기 추천(사회서 위주)

- 수준에 맞는 원서 읽은 후 북리포트 쓰기 꾸준히 진행
- 어휘 수준 = 독해 수준, 국어 어휘와 영단어 병행학습
- 독서를 통한 배경지식 쌓기(한글책도 OK)

중학생(1~3학년)

- 초등 고학년 학습 방식의 심화 단계
- 주니어토플 또는 토플을 통한 심화학습
- 고1 수준의 수능 모의고사부터 고3 수능 기출까지 풀어보기
- 수능 또는 토플 수준의 논리독해연습 필수

수준에 맞는 원서 고르기

──────────── 원서 읽기의 시작은 자신의 수준에 맞는 책을 고르는 것입니다. 아래 소개하는 AR과 렉사일(LEXILE) 지수 등을 참고하여 아이의 학습능력에 맞는 책을 골라주세요.

AR 지수

'AR(Accelerated Reader)은 미국 학생들의 읽기 실력을 학년 수준(grade level)으로 분류해놓은 지수입니다. AR은 미국 회사인 '르네상스 러닝(Renaissance Learning)'이 방대한 도서를 분석하고, 해당 도서를 읽은 수만여 명의 학생 데이터를 분석해 만든 지수

로서 미국 초중고등학교 1/3에 해당하는 학교에서 활용하고 있을 정도로 공신력이 높습니다. 이 회사의 영어 독서 프로그램은 SR(STAR Reading, 독서수준진단 프로그램)과 AR(Accelerated Reader, 독서학습관리 프로그램)로 나뉘는데요, SR을 통해 자신의 영어 읽기 레벨을 측정하고, AR을 통해 그에 맞는 영어 원서를 읽고 퀴즈를 풀면서 읽기 수준을 높여가는 방식입니다.

https://www.arbookfind.com

렉사일 지수

렉사일 지수는 독서 능력과 책의 난이도를 각각 측정하는 독서평가 시스템으로, 미국의 교육평가기관 메타메트릭스(Metamatrix) 연구소가 20여 년간 수만 권 책의 난이도를 연구하고, 이를 토대로 책의 등급을 구분했습니다. 미국에서 사용되는 수많은 영어 원서에서 렉사일 지수를 사용하고 있으며, 독자의 수준에 맞는 원서를 고를 수 있게 도움을 줍니다. 렉사일 지수는 영어 독서 능력 향상에 가장 효과적인 책은 전체 내용 중 이해되는 분량이 75% 안팎 수준의 책이라고 조언하고 있습니다.

https://lexile.com

두 프로그램 모두 읽기 수준 측정 및 추천 등이 한국 학생들이 실제 적용하기에 어려운 부분이 종종 있습니다. 원서 읽기를 시작하거나 본인의 수준이 어느 정도인지 감이 없는 상황, 다양한 원서를 추천 받고 싶은 경우 등에 참고적으로 활용하면 좋습니다. 두 프로그램을 병행해서 활용하는 것도 방법입니다.

영어 원서 독후활동

──────────────── 독서의 완성은 마지막 페이지를 읽고 책을 덮는 것이 아닙니다. 읽은 내용을 요약해보고 몰랐던 부분을 정리하는 과정까지 마쳐야만 진정한 의미의 '독서'라고 할 수 있습니다. 다음은 영어 책을 읽은 후 할 수 있는 독후활동들입니다. 구글 검색 등을 통해서 워크시트(worksheets)나 듣기 파일을 입수하여 활용해보시길 추천합니다.

독서 직후 추천 활동

- 주인공과 내가 비슷한 점과 다른 점이 무엇인지 쓰고 말해보기
- 줄거리의 인과관계를 적거나 그려보기
- 주인공이 행복했던 장면 5가지와 슬펐던 장면 5가지를 쓰고 말해보기

- 주인공의 시작과 마지막 부분의 상황 대조해보기
- 주인공의 생각과 사실 구분하기

이후 추천 활동

- 인상적인 부분 포스터 그리기
- 소설 속 캐릭터를 설명하는 책 만들기
- 소설의 후속편 상상하여 글쓰기
- 새로운 표지를 만들어보기
- 주인공이 되어 일기 쓰기

구글(Google) 검색 활용법

1. 구글에 '원서 이름 worksheets' (예, Amelia Bedelia worksheets)라고 검색하고, 관련 이미지에서 워크시트를 찾아본다.
2. 구글에 '원서 이름 pdf' (예, Amelia Bedelia pdf)라고 검색하고, 추천 사이트에서 PDF파일을 찾아본다. 운이 좋다면 책 전체의 스캔본 파일을 입수할 수도 있다. 이렇게 입수한 파일은 출력이 가능하다면 화면보다는 출력해서 종이책으로 읽기를 추천한다.
3. 구글에 '원서 이름 Audio' (예, Amelia Bedelia Audio)라고 검색하고, 추천 사이트에서 오디오파일(영상)을 찾아본다. 원서 읽기의 완성은 [읽기+듣기+독후활동(워크시트/북리포트 등)]임을 명심하자!

📋 아이들이 가장 두려워하는 영역 문법Grammar

영어 학습영역 중에서 그토록 많은 시간과 노력을 기울임에도 불구하고, 끝끝내 제대로 완성한 고3을 찾기가 힘들다는 영역이 바로 '문법'입니다. 내용도 어렵고 예외도 많고, 용어도 생소해서 그렇기도 하지만, 사실 가장 큰 학습 실패의 원인은 바로 영문법에 맞는 올바른 학습 방법과 로드맵의 부재입니다. 대한민국 교육환경 속에서 영문법은 결코 자연스럽게 습득될 수 없는 영역이기 때문에 귀납적인 방식(예시나 사례를 통한 학습)이 아닌 연역적인 방식(문법체계와 목차를 통한 탑다운TOP-Down학습)으로 공부를 해야 합니다. 내가 배운 내용을 설명할 수 있고 또한 적용하여 문장으로도 써볼 수 있어야 올바른 문법 학습입니다.

문법 학습 핵심 시기와 로드맵

유치원 초등 저학년	초등 고학년	중1	중2~3
· 귀납적 습득 위주 · 중고등부 방식의 문법 학습은 금물 · 흥미 위주의 듣기 · 내용 중심의 독해 · 문법보다는 영단어 학습에 중점	· 명시적 문법 학습의 시작 시기 · 문법에 대한 이해와 문법용어부터 학습 · 문법 공부 방법에 대한 관심 절대적으로 필요(플립러닝) · 본인 수준에 맞는 문법 내용과 수준으로 시작	· 명시적 문법 학습의 늦은 시작 시기 또는 본격 학습의 중요시기 · 중1은 문법 학습의 골든타임 　- 놓치면 영어 내신 관리 어려움 · 단순 문법 학습만이 아닌 내신형 어법학습 필요 　- 우리 학교 내신 방식 분석 필수 　(지필+서술형+수행평가) · 플립러닝(블랜디드 학습방법) 최적화 타이밍 · 쓰기 연계 문법 학습	· 문법 학습의 적용 및 확장시기 　- 서술형 쓰기 중심의 수행평가 · 쓰기 연계 문법 학습 · 플립러닝(블랜디드학습 방식)방식으로 중첩진도 학습시기 · 고등과정 학습 시작 시기 · 중3 - 지망학교 내신 평가 방식 및 기출 문제 분석 필수 　이상적인 문법 학습 정돈시기

* 플립러닝(Flipped Learning): 온라인을 통한 선행학습 뒤 오프라인 강의를 통해 교사와 토론 또는 과제 수행을 진행하는 역진행 수업 방식. ≒ 거꾸로 교실(Flipped Classroom).

　문법 학습은 초3에서 늦어도 초5 사이에 시작해야 합니다. 그러나 저학년 또는 미취학 아이들에게 명시적인 문법 학습(예, to부정사 등)은 권장하지 않습니다. 영어를 잘하는 아이들이라도 그 시기에 '언어의 구조'라는 어려운 개념을 이해하기에는 어려움이 있고, 설사 일부를 이해한다 하더라도 즐겁던 영어가 아주 빠르게 재미없는 과목으로 전락할 수 있기 때문입니다. 이 시기에는 재미와 흥미 위주의 컨텐츠로 듣기와 읽기 중심으로 많은 표현과 문장을 들려주고 또 따라서 말해보고 써보는 것이 올바른 영어 학습입니다.

이상적인 문법 학습의 완결 시기는 중학교 3학년입니다. 고등학생이 되면 현실적으로 가장 많은 시간과 노력을 투자해야 하는 과목이 수학인 것과, 대입개편안에 따라 더 중요해지는 고1 내신 대비를 위해서라도 영문법은 중3까지 완성한다는 느낌으로 공부해야 합니다. 그리고 문법 학습의 목표는 1차적으로는 어법 문제이지만 최종적인 방향성은 쓰기와 정확한 구문 독해로 잡아야 합니다. 갈수록 어법 문제의 비중이 조금씩 낮아지고 있고 동시에 서논술형 쓰기와 수행평가 쓰기의 중요성은 커지고 있기 때문입니다. 시중 서점에 가보면 이런 추세를 반영하여, 쓰기와 연계한 문법책이 많이 출간되고 있는 것을 쉽게 확인할 수 있습니다.

성공적인 문법 학습을 위한 체크포인트

- 문법(구문)은 어법 문제가 아니라 읽기와 쓰기를 위한 것(평가 방식 변화에 주목할 것)
- 명시적 문법 학습의 시작은 초등 고학년(초4 전후~)

- 문법선행은 너무 빠르면 독(毒)(남는 것이 없음)
- 문법 학습은 메타인지학습으로!
- 흔들리지 않는 내신 역량 강화를 위해서는 문법 단권화 추천
- 학원의 문법 단기특강은 복습 용도로만!
- 문법 학습 적용과 복습은 쓰기가 효율적

📑 갈수록 중요해지는 쓰기Writing

쓰기 영역의 중요성은 갈수록 높아질 것으로 보입니다. 지필고사 서논술형 및 수행평가 영작의 비중과 중요성이 커지고 있기 때문이지요. 하지만 익히 아시는 것처럼 영작은 하루 아침에 수월해질 수 없습니다. 초등 저학년 때는 읽기 학습과 연계하여 독후활동으로 북리포트를 통해 자연스러운 쓰기 연습을 추천합니다. 꼭 정확하게 쓰지 못하더라도 중요 키워드와 표현들을 따라 써보는 걸로도 충분히 쓰기의 마중물 단계를 학습할 수 있습니다. 학년이 올라가면서 빠르면 초등 3학년, 늦어도 4~5학년에는 문법 학습을 통해 정확한 쓰기 연습을 시작해야 합니다. 여기서 중요한 포인트는 영문법 학습을 어법 문제를 풀기 위한 용도로 학습해서는 안 된다는 것입니다. 어법 문제 자체의 비중은 점차 줄어들고 있고, 정확한 표현(읽기, 쓰기)을 위한 문법이 중요해지

266

고 있기 때문입니다.

시기별 쓰기 학습 전략

초등 저학년(1~3학년)

- 어휘, 표현, 주제, 매체 등 가능한 다양한 자유로운 글쓰기 권장
- 주변 사물, 나의 하루, 내가 좋아하는 것 등 친숙한 소재로 시작
- 수준에 맞는 원서 읽은 후 북리포트 쓰기가 가장 효과적인 방법

초등 고학년(4~6학년)

- 체계적인 글쓰기 시작 시점(4학년 전후)
- 문법/구문 학습의 시작과 더불어 정확하게 쓰는 연습
- 5-paragraph essay*가 가장 권장되는 글쓰기 방식
- 수준에 맞는 원서 읽은 후 북리포트 쓰기 꾸준히 진행
- 어휘 수준 = 작문 수준, 추상어휘 대비책 마련 필수
- 독서를 통한 배경지식 쌓기(한글책도 OK)

  * 5-paragraph essay 5개의 단락으로 이루어진 에세이. 보통 주제를

제시하는 Introduction, 주제를 상술하고 예시 등으로 뒷받침하는 Body paragraph 1~3, 마무리하는 Conclusion으로 구성됨.

중학생(1~3학년)

- 초등 고학년 학습 방식의 심화 단계
- 토플을 통한 쓰기 학습
- 중1은 중2 내신 대비 집중 기간(지필 서논술형 및 수행평가 쓰기)
- 중2~3은 고등 내신 대비 총력전(고등 수준의 서논술형, 수행평가 대비)

쓰기 학습 추천 리스트

쓰기 연습 앱

▶ 영작 연습

▶ Grammar Test

쓰기 연습 사이트

▶ Hemingway Editor http://www.hemingwayapp.com

* 하이라이트된 부분에 대한 분석과 개선 방안이 오른쪽 박스 안에 표기됨.

▶ Grammarly https://www.grammarly.com

* 밑줄이 쳐진 오류 부분을 클릭하면 자동으로 올바른 문장으로 전환됨.

책 읽은 후 부모 숙제

1. 초중등 영어 로드맵 필수 체크포인트를 통해 아이 영어 학습 상태 확인

2. 각 영어 영역별 추천 학습 방법 적용 및 추천 자료(도서, 사이트, 앱 등) 찾아보기

3. 영단어 학습 성공의 출발점, 영단어 학습 역량 파악해보기

4. 시기별 체크포인트를 통해 소홀한 영역은 없는지 수시로 확인하기

5. (초등 5학년 이상의 경우) 논술형 및 수행평가 작문 대비를 위한 체계적인 쓰기 학습하기

선행에 휘둘리지 않는
올바른 수학 공부법

매년 수능시험 직후 나오는 분석 자료를 보면 이과뿐만 아니라 여전히 "문과에서 수학 점수가 변별력을 가진다"는 말이 빠지지 않습니다. 입시제도가 바뀌어도, 아니 바뀔 수록 더욱 절대적인 영향력을 행사하는 수학. 중학교 2,3학년 이후에는 수학 공부에 올인해야 한다는 말도 더 이상 과장이 아닙니다. 그러다 보니 선행은 어느 정도 필수불가결한 것임은 저도 부정할 생각이 없습니다. 하지만 수포자 양산을 비롯한 무분별한 선행의 폐해 역시 결코 간과해서는 안 됩니다. 중요도가 높은 만큼 잘못된 길로 들어섰을 때 돌이킬 수 없는 결과를 낳을 수 있기 때문입니다. 고등학교에 진학하고 나서야 그동안 수학선행에 들인 시간과 돈이 아깝고 아이가 가엾다는 후회를 하지 않으려면 지금부터 그 기준을 명확히 해야 합니다.

알맹이 없는 수학 선행이 가져온 참사

꾸준히 선행을 계속해온 민재가 수호에게 뒤쳐진 이유

──────────────────────────────── 민재의 고등학교 1학년 최종 수학 성적은 3등급입니다. 초등학교 때는 나름 동네에서 수학 좀 하는 아이로 소문이 났었고, 중등 때는 한 번도 수학시험에서 90점 이하의 점수를 받아본 일이 없었던 민재지만 고등학교 수학은 생각처럼 쉽지 않았습니다. 게다가 중학교 때에는 성적이 조금 떨어져도 바짝 내신 대비를 하면 다시 올리는 것이 어렵지 않았는데 고등학교에 올라와서는 솔직히 학기 중에는 학원, 과제, 수행평가 등으로 너무 시간이 없어서 어떻게 성적을 올려야 할지 난감하기만 합니다. 하지만 그런 민재를 가장 어이없고 화나게 하는 건 따로 있습니다. 바로 친구 수호입니다.

초등학교 때부터 같은 아파트에서 함께 자라온 수호는 학원도 다니지 않고 남들 다 한다는 고등수학 선행도 중3 겨울방학 때 겨우 하고 고등학교에 입학했습니다. 고1이 되어 둘은 같은 반이 되었는데 민재는 수호가 당연히 중학교 때처럼 자신보다 낮은 점수를 받았을 거라고 생각하고 있었습니다. 하지만 우연히 알게 된 수호의 수학 성적에 민재는 큰 충격을 받게 됩니다. 무려 1등급이었기 때문이지요. 이후 민재는 수호와 수학에 대한 이야기는 전혀 나누지 않았고, 수호를 대하는 것도 점차 어색해져만 갔습니다.

수학 잘하는 아이 = 선행 많이 한 아이?

────────────────────────── 실제로 민재는 초등학교 때부터 지금까지 수학 공부를 쉬어본 적이 없습니다. 적어도 초등 저학년 때까지는 민재도 수학이 좋았고 주변 친구들과 엄마들에게 '수학 잘하는 아이'로 불리는 것도 좋았습니다. 하지만 돌이켜보면 그게 문제였던 것 같습니다. 학창시절 수포자였던 수호 어머니는 아들의 수학 공부만큼은 정말 최선을 다해 도와주고 싶었고, 그래서 잘하는 아이를 왜 그냥 방치하냐는 주변 엄마들 얘기, 학원 원장님의 설득에 귀를 닫을 수가 없었지요. 그래서 초등학교 4학년 때부터 동네에서 가장 빨리 중학교 선행

276

을 시작하는 학원에 다녔고, 중1부터는 동네에서 공부 잘하는 아이들이 몰려 있다는 대형학원에 입학 테스트까지 보고 다니기 시작했습니다.

초등학교 고학년 때부터 민재는 수학학원을 일주일에 3~5번이나 가야 했습니다. 2시간이 넘게 수학문제 풀이를 듣고 문제를 많이 풀고 오는 것이 주된 수업 내용이었고 학원에 다녀오면 매번 다음 수업 시간까지 거의 100문제를 풀어가는 숙제를 했습니다. 그 많은 문제들을 실제 시험지 위에서 만나게 되면 뭔가 보상을 받는 느낌이었지만 민재는 점점 지쳐가고 있었습니다. 알려진 '선행 공식'대로 중학교 2학년 첫 시험을 대비해 5번의 복습과 심화학습을 반복했고 전 범위를 외울 만큼 반복 학습을 한 결과는 당연히 만점. 그 후로도 수호는 적어도 지필고사에서는 90점 이하의 점수를 받아본 적이 없었습니다.

하지만 그 속을 들여다보면 문제가 없던 것은 아니었습니다. 반복적으로 문제를 푼 덕에 지필시험, 특히 객관식은 잘했지만 항상 신유형이나 서술형 문제가 점수를 깎아 먹곤 했으니까요. 풀어봤던 문제를 만났을 때는 3초만에 풀이과정과 답을 머릿속에 떠올렸지만 처음 보는 문제 유형은 어떻게 접근해야 하는지 전혀 알지 못했습니다. 적은 시간에 많은 문제를 풀어야 했던 탓에 문제집 구석에 낙서처럼 푸는 습관이 들어 서술형 기재에서 항상 감정을 당하거나 중간 풀이과정에서 계산 실수를 했고요.

민재에게는 그때부터 이 두 가지가 약점이 되곤 했습니다.

착각하는 아이, 달리는 선행 열차

———————————————————— 민재가 다니던 학원은 중등 내신 평균 성적이 굉장히 높았는데 잘하는 아이들이 많이 다니는 곳이기도 하고, 또 시험 전 엄청난 강도의 내신 대비를 시키는 것으로도 유명했기 때문입니다. 학원은 학기 중에 선행과 현행 진도를 함께 나갔지만, 중간, 기말고사를 앞둔 한 달간은 선행 진도를 멈추고 내신 대비에 집중했습니다. 중등보다 높은 난이도의, 그리고 이해의 정도가 달라야 하는 고등 수학을 배우는데 그 흐름이 자주 끊기다 보니 잘 이해하고 따라가는 아이들이 많지 않았지요. 게다가 아직 현행도 완벽하게 심화 학습이 되지 않은 아이들을 데리고 고등수학 진도를 나가다 보니 깊이 없이 한 번 '경험해보는' 식이 될 수밖에 없었고요. 물론 학원에서는 그 이후에 제대로 된 선행 심화를 진행하지만 안타깝게도 민재는 그 정도를 소화할 수 있는 학생이 아니었습니다. 그리고 그런 아이는 민재만이 아니었습니다. 이런 식으로 공부를 한 아이들의 공통적인 현상은 막상 고등 과정 문제를 '풀 상황'이 되면 잘 못 풀고 너무 어렵다고 느끼지만 그 문제의 '해설이나 개념 설명을 들으면' 이미 여러 번 들었던 내용이라서 안다고 생각한다는

것입니다. 다시 말해, 정말 아는 게 아닌 데도 스스로 알고 있다고 착각하게 되는 것이지요. 민재 역시 그런 착각 속에 중1 때부터 4년간 고등수학 선행을 해왔던 겁니다. 그 결과는 중학교 때에는 보이지 않습니다. 고등학교에 진학해 실전에 들어가면 비로소 모습을 드러내지요. 누구를 탓하기도 어렵고 달리는 선행열차에서 내려서기도 어려운 상황, 민재는 그저 이번 겨울방학엔 수학 등급을 무조건 1등급 이상 올려야 한다는 생각으로 오늘도 학원으로 향합니다.

민재의 실패 사례 분석

- 초등학교 때부터 수학을 잘했고 고등학교 입학 전 2학년 과정까지 선행을 끝낸 민재, 하지만 고1 최종 수학 등급은 3등급 → 실패잠복기 시작
- 4년 이상을 수학 선행에 올인한 자신에 비해 고등학교 입학 전 3개월 정도밖에 선행을 하지 않은 친구 수호가 더 높은 성적을 받자 민재의 좌절감은 극에 달함 → 문제에 대한 적절한 판단 없이 상황만 악화됨
- 초등학교 때부터 주변의 영향으로 '속도'에만 초점을 맞춘 수학 선행을 해온 민재는 아직도 보답없는 선행에서 벗어나지 못하고 있음 → **수학 역량의 부재**

현실 교육 안에서 중요한 만큼 신중해야 하는 수학 선행

🗨 수학 선행에 대한 오해 체크리스트

먼저 수학 선행에 대한 부모님들의 생각을 체크해보는 시간입니다. 평소에 가지고 계셨던 생각들, 주변의 '카더라 통신'과 비교해봤을 때 지금 ×라고 판단되는 항목에 체크해주세요.

	수학 선행 ○×	체크
1	수학 실력과 수학선행 진도는 비례한다.	
2	학원에서 하는 반편성은 실력 기준이다.	
3	선행을 안 하면 학원에 다니기가 어렵다.	
4	선행을 위해서라도 학원에 꼭 다녀야 한다.	
5	초등 고학년 때 선행을 시작하면 이미 늦다.	

6	특목/자사고 입학 시험 (지필, 구술 등)을 치르려면 선행은 필수다.
7	선행을 하지 않으면 중고등학교 때 불리하다.
8	우리 아이 실력이 다소 부족해도 선행은 필수다.
9	더 어려운 내용을 배우면 쉬운 내용은 쉽게 이해한다.
10	선행은 어차피 반복학습이다.
11	선행은 교재의 종류와는 상관이 없다.
12	초등 저학년부터 선행을 시작해야 한다.
13	고등학교 입학 전, 보통 2~3년 정도의 선행을 해야만 한다.

위 문항들은 기본적으로 모두 ×로 체크하셔야 합니다. 만일 ○×로 정확하게 판단되지 않는 문항들이 있다면 지금부터 설명 드리는 것을 참고하여 선행에 대한 오해를 바로잡고 바람직한 수학 선행의 방향성과 방법에 대해서 다시 한 번 생각해보시기 바랍니다.

모두가 수학 선행을 하는 이유

요즘 아이들의 수학 선행과 관련하여 '4당 3락'이라는 말이 있습니다. 4당 5락(4시간 자면 대학에 붙고, 5시간 자면 떨어진다)이라는 말은 들어봤어도 4당 3락이라는 말은 처음이라는 분들도 계실 텐데요, 바로 대치동 수학 선행의 공식 '4학기 앞서면 대학에 붙고, 3학기 앞서면 떨어진다'입니다. 이에 대한 초중등 학부모님들의 반응은 한결같이 '안타깝다'이지만 이미 고등학교에 아이를 보내본 선배 엄마들은 '그게 현실이다'라는 말로 응수합니다. 분명 아이들의 두뇌 발달과 이해 정도를 고려하여 설계된 교육 과정일 텐데 왜 이렇게 실제 학교의 정규 과정보다 빨리 배워야 하는 걸까요?

아래는 우리 아이들의 실제 교과 양과 난이도를 반영한 체감 수학 공부 분량을 대략적으로 도식화한 표입니다. 중등이 초등의 3배, 고등 문과가 중등의 3배, 고등 이과가 고등 문과의 2배의 부담이죠.

초등 ★
중등 ★★★
고등(문과) ★★★ ★★★ ★★★
고등(이과) ★★★ ★★★ ★★★ ★★★ ★★★ ★★★

또한 실제 고등학교 이과 교실에서는 아래와 같은 수업이 진행됩니다.

282

2015 개정교육과정 고등 수학 교과 커리큘럼 예시

	고1	고2	고3
정규 수학 교육과정	수학	수학l, 수학ll, 확률과 통계	미적분, 기하
현실	수학	수학l, 수학ll, 확률과 통계, 미적분, 기하	EBS 연계 교재, 수능 기출

　고2와 고3의 학습량의 분배가 실제로는 고2 교실의 부담으로 몰립니다. 왜냐하면 고3이 되면 대부분의 학교에서 EBS 연계교재와 수능 기출문제 풀이가 진행되기 때문이죠. 이쯤 되면 고등 수학을 잘 모르셨던 학부모님들조차도 고2 때의 부담을 경감하기 위해서라도 빨리 고등수학을 시작해야겠구나 생각하실 것 같습니다. 그런데 수학은 위계가 있는 학문인지라 고등수학을 이해하기 위해서는 중등수학 기초가 필요하고, 또 중등수학을 이해하기 위해서는 초등수학의 기초가 필수입니다. 지금 초등학생이라면 빨리 초등수학을 끝내고 순차적으로 중고등 수학을 해야겠네요. 실제로도, 민재의 사례에서 보셨던 것처럼 많은 가정에서 아이들의 수학 공부를 선행학습과 동일시합니다. 지금 학교에서 시험을 보지 않는 초등과 중1 학생들까지 현재 배우고 있는 과정에 집중하기보다 앞선 학년의 수학 공부를 하고 있지요. 다시 말해 우리 아이들은 학교수업 시간과 선행학습 시간, 두 개의 트랙을 동시에 달리고 있습니다. 그런데, 이 선행학습이 과연 부모의 바람만큼 잘 이루어지고 있을까요?

📑 수학 선행의 특과 실

한국의 수학교육은 마치 경주마 훈련 같습니다. 옆과 뒤를 돌아 보지 않죠. 무조건 앞만 보며 달려가야 합니다. 그런데 모든 아이들이 경주마처럼 뛰어가니 결국엔 미리 지쳐 결승전까지 가지 못하고 경기를 포기하는 학생들이 늘어납니다. 사실 수학 선행 학습은 특목고 입학 시험 때문에 생겨나게 되었습니다. 중3 수학과 고1 수학의 연결성 때문에 고등학교 수학을 미리 공부해두면 훨씬 쉽게 문제를 풀 수 있다는 생각 때문이었죠. 실제 중등과정에서는 같은 개념이라도 원리 중심의 교육을 하는 반면, 고등과정에서는 이미 원리를 알고 있다는 가정하에 공식으로 접근하는 경우들이 있으니까요. 고등 공식을 미리 배워두면 더 빨리, 정확히 문제를 풀 수 있다는 계산이었습니다. 이에 따라 고입을 준비하던 학생들에게 선행은 필수과정처럼 인식되었었죠. 하지만 지금은 영재, 과학고 입학 준비 및 KMO(한국수학올림피아드) 준비를 하는 일부 학생들을 제외하고는 수학선행이 고입 과정에서 필수가 아닙니다. 하지만 앞서 살펴본 고교에서의 과도한 학습량이 두려워 미리부터 수학선행을 시키려는 학부모들이 여전히 많습니다. 그러나 안타깝게도 제가 직접 경험해본 바에 따르면 많은 경우 득보다는 실이 더 많았습니다.

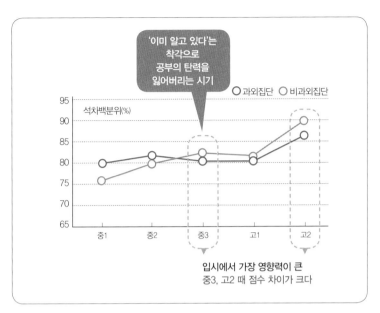

<선행학습 효과에 대한 연구>, 한국교육개발원

　가장 흔한 '실'은 바로 '효과 없음'입니다. '수학 공부=선행학습'으로 착각하는 것과 더불어 '나의 실력=선행 진도'로 생각하기 때문인데요. 보통 학원에서의 반편성은 선행 진도 중심으로 이뤄지는 경우가 많습니다. 규모가 작은 학원일수록 더욱 그런 현상을 보이지요. 아무래도 같은 진도를 나가는 아이들을 모아 놓고 수업을 진행하는 것이 훨씬 효율적이기 때문인데요, 학교의 학년 구분과 동일하다고 생각하시면 됩니다. 하지만 본래 학원은 학습과정 중의 결손을 보충하는 곳입니다. 당연히 진도보

다는 아이들의 수준에 맞게 편성되어야 함에도 그렇지 못한 상황인데, 학부모님이나 학생들이 마치 진도가 자신의 수준인 것처럼 오해하고 있는 것이 문제입니다. 그렇기 때문에 민재의 경우처럼 몇 년을 앞서서 스치듯이 살펴본 단원이나 개념을 단지 '여러 번 수업을 들었다'라는 이유만으로 '다 안다'고 착각하는 경우가 굉장히 많습니다. 하지만 정작 테스트를 해보면 선행 없이 그냥 꾸준히 공부한 아이들과 비슷한 정도, 아니 오히려 더 좋지 못한 결과가 나오기도 하지요. 특히나 이런 상황은 위 도표에서 볼 수 있듯이 입시 준비에서 가장 역량을 발휘해야 하는 중3과 고2 과정일 때 많이 나타납니다. 이 모든 것은, 현실을 과장하여 받아들이고, 선행의 장점과 단점에 대한 객관적인 검토도 해보지 못한 채, 남들이 하니 우리 아이도 해야 뒤쳐지지 않을 것이라고 판단한 부모의 결정 탓에 실력과 상관없이 선행의 과정에 내던져지는 상황에서 비롯되는 폐해입니다.

앞서 언급한 것처럼 현실 수학 교육에서 선행학습은 어느 정도는 필수적입니다. 하지만 특정 수준 이상의 아이들에게 적당한 선행학습이 이루어져야만 효과가 있다는 사실을 다시금 명심하셨으면 합니다. 사실 가장 이상적인 선행학습은 수학에 대한 흥미를 지속적으로 보이는 아이가 꾸준하고 발전적으로 공부하는 과정 중에 더 높은 수준의 공부, 또는 영역으로 호기심이 확장되어 자연스럽게 이루어지는 것입니다. 그런 아이들에게는 선행에 대한 자극이 반드시 필요하죠. 하지만 지금의 선행학습은 애초 의도와는 다르게 많이 왜곡되어 있습니다. 지금처럼, 몇몇 문제집을 단계적으로 풀고, 이제 그 문제집을 여러 번 반복해 풀었으니 다음 학년 선행을 진행하자라는 식의 진도 완료, 진도 달리기는 제대로 된 선행학습이라고 할 수 없습니다.

올바른 선행을 통한 수학 역량 만들기 실천가이드

🗨️ STEP1 수학 선행을 시작하는 방법

정확한 학년 기준은 아쉽게도 없습니다. 다만 저는 개인적으로 적어도 초등 저학년 때에는 바람직하지 않다고 생각합니다. 초등 저학년은 오히려 즐거운 놀이 학습으로서 수학 공부를 인지하고, 수 감각, 공간 감각 등 수학의 기본 자세를 배우는 것에 주력하는 것이 좋습니다. 이때 주로 활용하는 학습 도구들 중, 수학동화의 경우는 보통 수학 학문의 계통성 때문에 지금 아이가 학교에서 배우는 것 이상의 개념이 책 속에 녹아 있는 경우가 많습니다. 이럴 때에는 아직 배우지 않은 내용이라도 아이의 눈높이에서 자세히 설명해줌으로써 다음에 배울 수학 공부에 대한 호기심이 들도록 유도해야 합니다. 무조건 다음 학기의 문제집을 하루에 몇 장씩 푸는 등의 강제적인 선행은 추천하지 않습니다. 문제집을 풀더라도 책과 교과서 등 기초 개념을 익힐 수 있는 단계를 꼭 먼저 거치시기 바랍니다.

이상적인 선행학습은 초등 3~4학년 방학 때부터 한 학기 정도의 예습으로 시작하는 것이 좋습니다. 다만 유의할 것은 선행을 해도 될 아이와 그렇지 않은 아이에 대한 판단, 선행을 위한 교재 선정에 신중해야 한다는 것입니다. 선행을 시작하는 이상적인 아이의 기준은 현재 공부하고 있는 수학 과정의 교과서 수준 정도의 문제집을 자신의 힘으로 80% 이상 해결할 수 있는 아이입니다.

그리고 개념 공부가 없는 문제 풀이로만 이루어진 선행은 의미가 없기 때문에 특히 초등학교 때 '연산서'를 수학 선행의 기초교재로 사용하지 마시기 바랍니다. 단적으로 설명하면 개념에 대한 이해 없이 매일 1, 2장씩 푸는 선행용 연산 문제집은 아이에게 원리에 대한 이해 없이 스킬만 알려주는 방법이며, 단기적으로는 효과가 있어 보일지 모르지만 장기적으로는 수학 공부를 '연습 위주의 문제 풀이'로 한정시킬 수 있어 매우 위험합니다. 따라서 교과서, 수학동화 등으로 시작하는 걸 추천드립니다.

📑 STEP2 개념 공부와 문제 풀이로 균형 잡기

올바른 수학 선행 방법은 반드시 개념 공부와 문제 풀이를 병행해야 합니다. 개념 공부는 목적에 따라서 수학동화나 추천도서들을 활용하기도 하고, 교과서를 기본으로 하여 참고서, 수학사전, 문제집 등을 활용하는 방법도 있습니다. 따라서 모든 선행학습을 반드시 학원과 같은 사교육에서 진행해야 한다고 생각하시면 큰 오해입니다. 오히려 가정에서 아이의 속도에 맞춰 진행하는 것의 장점도 많으니 조금은 폭 넓게 생각해주기 당부드립니다. 또한 문제 풀이는 기본, 응용, 심화 어느 단계까지 선행이 되어야 하는지에 대해서 학부모님들께서 많이 질문하시는데 이에 대한 정해진 원칙은 없습니다. 선행학습의 기본 목적과 우리 아이의 상황을 고려하여 판단하시기 바랍니다.

개념 공부

──────── 선행학습의 개념 공부는 수학 학습 영역의 흐름을 이해하는 단계와 명시적인 단계 중 지금 아이에게 필요한 학습에 대한 판단에 따라 두 가지로 나누어 생각할 수 있습니다.

첫째, 학년 순으로 하는 교과 선행보다 지금 학교에서 배운 내용의 상위 개념이나 횡적 확장 차원에서 공부하는 방법입니다.

수학을 보통 위계가 있는 학문이라고 말하는데요, 예를 들어 사칙연산을 배울 때도 사칙연산의 원리를 학습한 후 자연수, 분수, 소수, 유리수, 무리수, 실수의 범위로 확장하여 계산하도록 배웁니다. 그런데 이 과정이 초등학교 1학년부터 고등학교 1학년까지 고르게 퍼져 있습니다. 다시 말해, 수와 연산이라는 영역이 이렇게 학년별, 난이도별로 별도 구성되어 있는 것입니다. 이때, (아이가 이해할 수 있다면) 사칙연산의 원리를 수의 확장 개념(자연수에서 실수까지)과 함께 학습한다면 단순 계산이 아닌 원리를 더욱 잘 이해하게 되는 장점이 있습니다. 이를 영역별 횡적 학습이라고 부릅니다. 교과서와 문제집을 도구로 사용하기보다는 수와 연산 영역과 관련된 수학동화, 추천도서, 영상자료 등을 참고하는 것이 아이의 이해도를 높이고 '학습'보다 '지식'의 확장 측면에서 도움을 줍니다. 교집합 카페의 〈추천도서〉 게시판의 추천도서나 e학습터, EBS MATH의 멀티미디어 자료들을 활용하면 좋습니다.

두 번째는 교과서 순서를 따라가는 선행 방법입니다. 이때에는 교과서를 기본서로 활용하기를 추천합니다. 교과서는 각 단원에서 배워야 할 '학습목표'를 기준으로 개념 원리에 대한 설명, 증명, 기본 문제, 응용 문제 등으로 짜임새 있게 구성되어 있는 책입니다. 따라서 처음에는 가볍게 (동화/소설) 책을 읽듯이 읽고 이후 꼼꼼하게 따져보고 이해하는 과정을 거쳐야 합니다. 교과서에 수록된 문제는 분량이 적으므로 초등학생은 익힘책, 중학생은 교과서 수준의 기본 문제집을 부교재로 활용하여 기본적인 개념의 숙지를 확인하는 용도로 활용하기 바랍니다.

문제 풀이

———— 문제 풀이의 수준은 깊이 있게 할수록 도움이 되는 것이 사실입니다. 하지만 개념 공부가 되지 않은 상태에서 무조건 어려운 문제들을 독파한다고 마냥 좋은 것은 아닙니다. 사실 고난이도 문제일지라도 연습과 훈련을 반복하면 풀 수 있지만, 개념 공부가 제대로 되어 있지 않다면 시간이 지났을 때 풀었던 그 문제들도 '잊어버릴' 확률이 크기 때문입니다. 다시 말해 그 당시 아이가 문제를 이해하고 풀었을 수도 있지만 문제 푸는 방법을 '암기'했을 가능성도 얼마든지 있습니다. 따라서 기본 개념 학습이 잘 되었다면 당연히 심화까지 깊이 있게 공부하는 것이 좋으나 그렇지 못하다면 문제 풀이보다 개념학습이 우선입니다.

개념학습이 탄탄하게 된 경우에는 기본→응용→심화 문제집을 거쳐가는 것이 좋습니다. 하지만 현실적으로 이렇게 거쳐가면 속도가 늦다고 걱정하는 부모님들도 많고, 같은 내용을 반복적으로 공부하는 것에 대해 학생의 흥미 탈출도가 생각보다 높은 편입니다. 따라서 보통 선행학습에서의 마지노선은 '정확하게 개념 공부를 했다는 판단 하에 응용 단계까지'입니다. 이렇게 선행학습을 한 것을 바탕으로 현행학습 시 심화를 해주면 완벽한 선행학습의 결과를 얻을 수 있죠. 중요한 것은 속도보다 깊이이고, 또 내가 개념을 '들었다'해서 아는 것도, 문제를 풀 수 있는 것도 아닐 수 있다는 것을 학생이 항상 의식하고 있는 것입니다. 그리고 이렇게 공부하고 있는 선행학습을 곧이어 설명하는 〈선행 과정 점검하기〉 단계처럼 잘하고 있는지 수시로 체크해보아야 합니다.

📝 STEP3 선행 과정 점검하기

선행학습을 하는 동안 아이가 정말 잘하고 있는지 판단하는 일은 사실 매우 어렵습니다. 학교에서 배우고 있는 과정이 아니기에 공식적인 시험으로 평가할 수도 없고, 학원에서 보는 시험은 다분히 의도가 반영될 수 있기 때문에 지금 당장 정확한 수준을 가늠하기가 어렵죠. 그래서 저는 다음의 두 가지 복습 테스트 방법을 추천합니다.

1. 개념 확인 백지 테스트

──────────── 이미 학습한 내용을 배운 지 일주일, 보름, 한 달 후 해당 단원에서 가장 중요한 기본 개념을 묻는 질문에 답을 하는 테스트입니다. 질문은 교과서를 기준으로 각 단원의 제일 앞장에 쓰여진 〈학습목표〉를 참고하시는 것이 가장 좋은데요, 요즘은 문제집에도 종종 학습 목표가 기재되어 있기도 합니다. 이러한 질문에 대해서 막힘 없이 기재할 수 있다면 기본 개념은 제대로 공부한 것이라고 판단하셔도 됩니다. 물론 초등 고학년이나 쓰기 역량이 부족한 아이는 구술 테스트로 대체하셔도 무방합니다. 학부모님은 정답 여부를 파악하기 위해 시중에서 구입할 수 있는 수학사전이나 네이버의 수학 지식백과를 참고하면 좋습니다.

2. 기본 문제 테스트

──────────── 이미 학습한 내용을 배운 지 일주일, 보름, 한 달 후에 해당 단원에서 가장 기본적인 문제들로 테스트해, 실제로 풀 수 있는지를 점검하는 테스트입니다. 주의할 것은 틀렸던 문제 중심이 아니라 무작위로 추출된 문제를 풀도록 해야 정확한 측정이 가능하다는 것입니다. 문제집에서 특정 문제들을 지목해서 풀게 하는 것도 좋지만 가끔 문제의 위치와 답을

외우는 아이들이 있으므로 따로 문제를 적어준다든지, 문제은행에서 출력해서 풀리는 방법, 기출 문제들을 풀리는 방법 등을 활용하시면 좋습니다. 무료로 사용할 수 있는 문제 은행 사이트들을 소개해드리겠습니다.

e학습터의 초등평가/중학평가

  e학습터 메인 페이지 오른쪽 하단에 위치한 〈초등평가〉와 〈중등평가〉 문제풀기를 누르면 교과별 자율평가지를 생성할 수 있습니다. 로그인을 하지 않아도 응시와 채점결과 확인은 가능하지만 이력 저장이 되지 않으니 가능하면 회원가입을 하여 사용하는 것을 추천합니다. 그럼 로그인했다고 가정하고, 시험 범위

설정 칸에서 〈학년, 과목, 학기, 단원, 문항 수, 난이도, 평가지 이름〉을 입력한 후 평가하기 버튼을 누르면 온라인으로 시험지가 생성됩니다.

이 시험은 학생이 모든 문제에 응시하고 나면 채점도 할 수 있고 각 문항의 해설지도 볼 수 있습니다. 선행학습을 처음 한 후에는 난이도를 '쉬움과 중간'의 비중을 높게 하여 시험지를 생성하고, 이후에는 난이도 '어려움' 문제의 비중을 높여가면서 학습 성취도를 판단해보는 것이 좋습니다. e학습터의 평가지 문항들은 실제 학교 선생님들의 개발과 감수로 만들어진 것들이므로 객관적인 실력 평가에 참고사항이 될 수 있습니다.

EBS MATH 중학수학 문제카드

EBS MATH 중학수학의 〈문제카드〉 섹션을 보면 기초, 심화, 창의(중), 창의(상), 서술(중), 서술(상) 난이도의 문제를 풀 수 있습니다. 문제의 숫자가 단원별로 많지는 않지만 카드 1개당 1문제의 문제가 대응되어 있어 각각 힌트보기, 문의하기, 채점을 통해 테스트해볼 수도 있고, 카드들을 모아 '문제지 만들기'도 실행할 수 있으니 선행 복습 테스트로서 무리가 없습니다. 이곳도 비회원 상태에서도 문제 풀이가 가능하나 이력을 저장해놓기 위해 회원가입과 로그인을 추천합니다.

이렇게 수학역량을 키우기 위해서 가장 우선적으로 고려하는 선행학습은 기준과 방법을 알고 신중한 판단 하에 전략적으로 이루어져야 합니다. 이를 숙지하시고 주변의 선행 독촉과 분위기에 휩쓸리지 않도록 주변이 아닌 내 아이를 바라보시기 부탁드립니다. 아이의 능력이 당연히 선행을 할 정도가 되고 의지가 있다면 선행학습을 적극 권장하지만 그렇지 않은 경우 거의 100%의 확률로 실패한다는 사실 잊지 마시기 바랍니다.

책 읽은 후 부모 숙제

1. 〈수학 선행에 대한 오해 체크리스트〉 문항들을 곰곰이 생각해보며 평소 수학 선행에 대한 생각을 정리해보기

2. 수학 선행을 '그냥 주변에서 다들 시키니까'의 관점이 아니라 왜 해야 하는지 현실적인 이유에 대해서 생각해보기

3. 수학 선행을 했을 때 득과 실이 무엇이며 어떻게 선행학습을 시키는 것이 좋은지 생각해보기

4. 〈수학 선행을 시작하는 방법〉을 읽고 우리 아이의 현재 상황 점검해보기

5. 지금 수학 선행을 하고 있다면 올바른 방법으로 하고 있는지 점검하고 부족한 부분은 보충하기. 만약 수학 선행을 아직 하고 있지 않다면 올바른 수학 선행 방법을 숙지해두기

6. 수학 선행이 제대로 되고 있는지 백지테스트와 e학습터, EBS MATH 기본 문제 테스트를 통해 수시로 확인하기

무적의 학습포트폴리오

초판 1쇄 발행일 2020년 2월 20일
초판 3쇄 발행일 2021년 11월 5일

지은이 권태형

발행인 박헌용, 윤호권
발행처 ㈜시공사 **주소** 서울시 성동구 상원1길 22, 6-8층(우편번호 04779)
대표전화 02-3486-6877 **팩스(주문)** 02-585-1755
홈페이지 www.sigongsa.com / www.sigongjunior.com

글 ⓒ 권태형, 2020

ISBN 978-89-527-5635-0 13370

*시공사는 시공간을 넘는 무한한 콘텐츠 세상을 만듭니다.
*시공사는 더 나은 내일을 함께 만들 여러분의 소중한 의견을 기다립니다.
*지식너머는 ㈜시공사의 임프린트입니다.
*잘못 만들어진 책은 구입하신 곳에서 바꾸어 드립니다.